# Um olhar sobre as práticas de avaliação na escola

Suzana dos Santos Gomes

# UM OLHAR SOBRE AS PRÁTICAS DE AVALIAÇÃO NA ESCOLA

MAZZA edições

*Capa:*
Túlio Márcio

*Revisão:*
Lourdes Nascimento

*Diagramação:*
Elizabeth Miranda

Gomes, Suzana dos Santos.
G633o Um olhar sobre as práticas de avaliação na escola / Suzana dos Santos Gomes. – Belo Horizonte : Mazza Edições, 2014.

168 p.: il. ; 23 cm.

ISBN: 978-85-7160-632-6

1. Políticas públicas . 2. Avaliação educacional. 3. Avaliação escolar. 4. Avaliação formativa. 5. Formação de professores. I. Título.

CDD: 371.26
CDU: 371.26

MAZZA EDIÇÕES LTDA.
Rua Bragança, 101 – Pompeia
30280-410 BELO HORIZONTE – MG
Telefax: (31) 3481-0591
email: edmazza@uai.com.br – site: www.mazzaedicoes.com.br

**Impressão e acabamento:** Yangraf Gráfica e Editora

# SUMÁRIO

# PREFÁCIO

As discussões em torno da avaliação da aprendizagem com ênfase no aluno-sujeito, historicamente situado, portador de uma prática social a ser considerada pela escola, vêm assumindo centralidade nos meios escolares entre seus agentes e, nos meios acadêmicos, entre os estudiosos da área, desde a década de 1980. O período é marcado pela definição de políticas públicas de educação nos âmbitos nacional, estadual e municipal, numa perspectiva inclusiva e democrática, valorizando o trabalho coletivo na constituição dessa nova escola, como a Escola Plural de Belo Horizonte-MG, a Escola Cidadã de Porto Alegre-RS, a Escola Balaia de Belém-PA, a Escola Candanga de Brasília-DF, entre outras propostas.

As concepções de educação e escola dessas propostas colocam a prática social dos seus agentes - professores e alunos - no centro de sua organização, tendo em vista o desenvolvimento de uma formação crítica e comprometida com a realidade social em que se inserem. Nessa perspectiva, muitos estudos e pesquisas centrados na prática pedagógica das escolas, sobretudo de Ensino Fundamental, desenvolvem alternativas para o ensino, voltadas para a lógica, os interesses e necessidades práticas da maioria da população presente nas escolas.

Com efeito, no bojo das discussões acerca dessas novas proposições pedagógicas, a avaliação da aprendizagem ganha especial destaque. De uma abordagem centrada no professor, baseada na verificação do desempenho dos alunos numa perspectiva de contabilização dos resultados, para uma abordagem centrada naquele que aprende baseada no processo, numa perspectiva de avaliação formativa, tendo em vista a melhoria da aprendizagem em curso.

Pois bem, o livro de Suzana dos Santos Gomes, *Um olhar sobre as práticas de avaliação na escola*, que em boa hora vem a público, situa-se nesse movimento e inscreve-se no grupo de estudos comprometidos com a busca de possibilidades práticas para atender aos interesses da maioria da população brasileira presente nas escolas públicas e cedo delas excluída. A autora apresenta um estudo original que analisa a prática docente e os processos de avaliação da aprendizagem construídos pelos professores na perspectiva da avaliação formativa, no contexto da sala de aula e em projetos de intervenção pedagógica elaborados por eles, tendo em vista a superação do fracasso escolar.

A riqueza e a originalidade deste livro estão no compromisso da autora em enfrentar o desafio de ir além do discurso para buscar coerência entre teoria e prática, desafio este nascido de sua experiência como educadora sensível aos problemas do seu tempo. Concebendo a teoria como expressão da prática e não o seu guia, a autora parte do pressuposto de que o professor, em seu cotidiano pedagógico, toma iniciativas para enfrentar as contradições próprias da organização escolar. Entende que essas iniciativas podem conter pistas para equacionar os problemas das práticas avaliativas em escolas da Educação Básica. Nessa perspectiva, com muita propriedade, Suzana sistematiza conhecimentos em torno de três questões fundamentais para a prática da avaliação em nossas escolas hoje: a prática de avaliação formativa em processo de construção; a prática de intervenção construída no coletivo; e a formação do professor no cotidiano do trabalho escolar.

Para discutir o tema, a autora traz uma reflexão sobre a concepção de avaliação da aprendizagem formativa e apresenta, com riqueza de detalhes, as experiências coletivas de avaliação formativa desenvolvidas pelos professores na organização dos espaços-tempos pedagógicos, em especial, a sala de aula e os projetos de intervenção elaborados por eles. Da sistematização dessas práticas a autora chega às relações existentes entre as mudanças na prática de avaliação e aos procedimentos de formação docente no cotidiano escolar, indicando contribuições para a formação continuada de professores.

Além de oferecer uma reflexão teórica consistente, o livro de Suzana Gomes traz também uma experiência metodológica que possibilita acompanhar um fazer na perspectiva de sistematização coletiva do conhecimento. Não, porém, para ser tomada como um manual de avaliação, mas como alternativa de proposição de novas práticas de avaliação formativa, produzidas e sistematizadas pelos agentes da escola na e pela prática.

Assim sendo, considero o texto de Suzana Gomes fundamental para todos aqueles que cotidianamente enfrentam os desafios da avaliação da aprendizagem mais comprometida com os interesses e necessidades da maioria da população, especialmente na Educação Básica. Da mesma forma sua leitura é essencial para os que se ocupam da formação inicial e continuada de professores. Trata-se, sem dúvida, de um material rico que traduz na e pela prática os dilemas, os desafios, os avanços, conquistas e mudanças ocorridas na escola. Além disso, apresenta a indicação de possibilidades práticas para tornar a escola mais inclusiva.

Espero, assim, que, estimulados pela leitura deste livro, outros estudiosos do assunto se integrem nessa difícil, mas fascinante, tarefa de ultrapassar o nível do discurso e buscar práticas avaliativas consistentes e coerentes com as necessidades atuais. E os professores, de modo geral, tenham, na leitura desta obra, um referencial rico para repensarem suas práticas a partir da estreita articulação do ato de ensinar/avaliar com as necessidades educacionais postas pelo processo de transformação social a que assistimos neste início de século.

Curitiba, primavera de 2013.

*Pura Lúcia Oliver Martins*

Professora aposentada da Faculdade de Educação da UFMG. Integra, atualmente, o corpo docente do Programa de Pós-Graduação em Educação da Pontifícia Universidade Católica do Paraná.

# APRESENTAÇÃO

*[...] formar professores significa prepará-los para observar, decidir e agir em situação, tendo em conta o conjunto dos objetivos e dos constrangimentos que caracterizam a ação pedagógica numa sala de aula. (PERRENOUD, 1993, p. 153)*

Ser educador, hoje, não é uma tarefa fácil! Convivemos com a diferença social, com a diversidade de interesses e objetivos dos jovens advindos de famílias bastante diferentes, com culturas e valores também bastante diferentes, alguns com pouco tempo para seus filhos em razão do ritmo de vida intenso, ou ambientes de vulnerabilidade social com a presença da violência doméstica e urbana.

Em contrapartida, estamos diante de uma infinidade de oportunidades de consumo e de conhecimento. Assim, contradições de toda ordem fazem parte do cenário em que hoje vive um educador e que define como elementos educativos o enfrentamento da diferença, da contradição, dos contrastes, da necessidade de agilidade, busca por formas de organização possíveis e o convívio permanente com o inusitado e o inesperado.

Ora, aquela escola estável, pautada em práticas curriculares previamente definidas, muito bem estruturadas, organizadas sequencialmente, mescladas por princípios de avaliação classificatórios orientadores da gestão, não consegue sustentar a realidade e as práticas e necessidades de formação dos estudantes na atualidade. As disciplinas escolares não conseguem dar respostas à formação dos futuros quadros profissionais e outras perspectivas de formação tornam-se necessárias. As universidades tentam se organizar para oferecer novos cursos, diferentes dos tradicionais, para darem vazão aos interesses de mercado. Reconhecemos que, realmente, os tempos são outros.

O maior paradoxo situa-se, no entanto, no fato de que, embora cada dia o avanço das tecnologias de informação nos apresente possibilidades ainda maiores de uso, a nossa capacidade de acompanhá-las torna-se difícil por diferentes razões. Nesse cenário, urge conseguir derrubar as fronteiras do acesso ao conhecimento como uma condição de cidadania e, mais do que nunca, a necessidade de universalização da escola como um espaço de direito e de formação para a leitura crítica do mundo e dos conhecimentos acessíveis torna-se prioridade para enfrentar as novas relações de trabalho que o mercado exige. A importância da escola na formação do cidadão se afirma não mais com a função primeira de transmissora de informações e conhecimentos, mas na perspectiva de oferecer qualidade no processo de interação do cidadão com a sociedade e, para isso, as funções maiores de educar para a compreensão da realidade social e cuidar para o estabelecimento de relações sociais civilizadas tornam-se prioridade.

Associadas a essa série de problemas a serem enfrentados, existem, ainda, no cotidiano de uma escola, as cobranças relativas ao desempenho das escolas nos processos de avaliação externa, na regulação e avaliação dos sistemas, e, nesse contexto, a relação entre as escolas e os órgãos centrais de decisão das políticas torna-se bastante conflituosa, construindo novos conflitos a serem contornados. São dificuldades de naturezas e âmbitos diversos, mas todas giram em torno de uma questão fundamental – a busca da qualidade da oferta pública em educação e suas condições para que seja realizada plenamente.

Nesse contexto de grandes desafios, a atividade de avaliação escolar se apresenta como um dos elementos da prática pedagógica de maior relevância, haja vista que se inscreve num espaço de reflexão-ação-reflexão, construído a partir da interação ampla entre os sujeitos e a sociedade. Os diferentes atores que vivem a escola – professores, alunos e pais – são pessoas que interpretam e atribuem significados e sentidos à realidade na qual estão inseridos. Esses sentidos e significados são produzidos a partir das diferentes leituras dessa realidade, possibilitadas pelas experiências pessoais ao longo de sua vida. Tal dinâmica está colada ao conjunto de ideias, valores e ideologias, socialmente disponíveis, que são utilizados como referenciais de decisão para suas ações cotidianas. Assim, os diferentes grupos sociais constroem a hegemonia de alguns desses valores e essa situação permite que os sujeitos, de certa forma, desenvolvam a adesão ou não a eles, dependendo daquilo que apontam como meta própria de vida. Esses referenciais axiológicos irão orientar as ações desses sujeitos e, consequentemente, permitirão que se perpetuem ou não ao se fixarem como referenciais de avaliação em novos processos.

Em meio a tudo isso, observamos que a alteração de referenciais historicamente constituídos se transforma em um grave problema quando discutimos propostas pedagógicas que tentam introduzir mudanças no ensino e nas relações pedagógicas professor/estudantes/conhecimentos, embora estas alterações sejam uma necessidade, diante dos novos tempos. Geralmente, essas mudanças atingem o âmbito dos valores, como é o caso, por exemplo, da concepção de avaliação no contexto das propostas que surgiram nos anos do final do século XX e que pretendiam introduzir novos princípios para a gestão da escola pública brasileira, como o direito à escolarização, a inclusão e a equidade nas relações pedagógicas. Os debates e questionamentos foram e continuam sendo inúmeros e um processo histórico de acomodação tem se realizado, sustentado pelas demandas crescentes de atendimento às necessidades de educação das crianças e jovens.

Pesquisas tornam-se fundamentais para que possamos entender e apreender os aspectos que, por vezes, impedem que as transformações aconteçam, como é o caso da pesquisa relatada neste livro e que, de maneira primorosa, retrata o conjunto de interações vividas em contexto contraditório e, por isso, tão rico. Uma inovação, apoiada em alteração de valores relacionados aos referenciais de avaliação escolar, exige a adesão dos sujeitos a um novo campo ético, já que serão eles os sujeitos da implantação da inovação. A mudança não se faz de fora para dentro com cursos preparatórios ou qualificações profissionais. Os valores pessoais transcendem a perspectiva científica e se explicam nos campos da ética, da cultura e da filosofia da ação.

Nesse mesmo caminho, se desejamos encontrar a superação das dicotomias e oposições, precisamos aderir à elaboração de um novo tipo de relação pedagógica para a construção de uma nova prática suportada por uma nova ética. Dessa maneira, duas questões centrais tornam-se importantes para orientar os processos de formação de novos valores: O que seria um bom professor diante de um novo modelo de escola e de ensino? Qual seria a referência de desempenho que se busca para esse professor e para o aluno desse professor?

A resposta a essas questões permite delinear com mais clareza o contorno da interação professor/aluno/conhecimento, assim como o campo referencial dos processos de avaliação, na perspectiva de análise de desempenho segundo uma proposta sintonizada com as necessidades de educação da contemporaneidade. Esses referenciais orientam as ações pedagógicas, baseados nas finalidades e objetivos da proposta educativa assumida.

Tomando como base as experiências vividas pelos professores no processo de reconstrução da sua prática de avaliação, numa pesquisa denominada *Tessituras docentes de avaliação formativa*, a autora deste livro procura retratar ao leitor como os docentes interpretam sua prática e constroem o seu fazer pedagógico a partir dos significados atribuídos a ela. Focaliza a avaliação no contexto da sala de aula e em projetos de intervenção pedagógica organizados pelos professores, visando à superação do fracasso escolar. Para isso, a autora fica, por longo tempo, imersa nos espaços e tempos da escola, na tentativa de compreender as concepções, crenças, ideologias e significados presentes no cotidiano e que fundamentam os processos de avaliação, procurando com essa metodologia desvelar os aspectos importantes da cultura escolar. Para orientar a sua pesquisa, a autora pergunta: *existe coerência entre as propostas pedagógicas destes docentes e a prática de avaliação que constroem para conhecerem os seus estudantes e dar-lhes o atendimento devido?*

Nesse contexto, discute o que seria verdadeiramente a avaliação formativa, um instrumento de emancipação que possibilita aos professores acompanharem os processos de aprendizagem dos alunos, ajudando-os no percurso escolar. A pesquisa demonstra como a opção pela avaliação formativa se reveste em um processo trabalhoso para o educador comprometido. Exige dele disponibilidade de tempo e abertura para acolher cada estudante em seus tempos e processos de aprendizagem, exige monitoramento permanente para a construção de processos de ensino pertinentes e adequados às necessidades pedagógicas evidenciadas em cada instante.

Confirma, no decorrer do texto, que assumir práticas pedagógicas de avaliação formativa é, também, um processo de formação do próprio educador, que precisa se abrir e permitir a cada estudante ser inteiro e único em suas interações com o ambiente educativo e que, a seu modo, contribui com a construção desse ambiente. Não se pergunta nesse tipo de interação quem é o melhor ou quem é mais inteligente ou quem sabe mais, mas pergunta-se: o que de melhor pode o estudante contribuir, o que ele sabe, como pode colaborar e interagir para a construção de um ambiente de aprendizagem criativo e promissor e, dessa forma as interações influenciam o ensino, a sua dinâmica e os resultados pedagógicos.

A riqueza da pesquisa está presente nas possibilidades que ela descortina para a modificação de uma postura pedagógica já cristalizada e para a construção de uma nova atitude diante do conhecimento já organizado e para isso torna-se necessário rever algumas daquelas verdades assumidas formalmente na organização escolar, relativas ao que seria uma escolarização de sucesso. Envolve reconhecer que toda decisão é temporal e pode ser reavaliada, caso novos aspectos sejam tomados como novas necessidades.

O questionamento e a dúvida são os fundamentos da consciência crítica e da capacidade de percepção dos próprios limites do conhecimento científico. Isso significa adquirir uma atitude de incansável atividade mental em busca do conhecimento da dinâmica da realidade e do intrigante universo da formação humana. Significa estar atento e confiante em decisões próprias, sabendo que são temporárias e parciais. Exige do educador autonomia e compreensão do contexto e do entorno de seu espaço de trabalho.

Para que a superação das dicotomias seja possível, a ação de avaliar deve significar para o professor um processo de investigação contínua da dinâmica da própria relação pedagógica e dos conhecimentos que são produzidos a partir dela. O processo de ensino precisa estar circunscrito num contexto de aprendizagens em que o professor se transforme no maior aprendiz do processo didático. Ele precisa, constantemente, criar e experimentar novas formas de apresentar e produzir conteúdos escolares, utilizar e articular outros conteúdos de diferentes contextos, redimensionando o próprio conhecimento sobre si mesmo e sobre a sua prática. Desse modo, o professor, reconhecendo suas limitações, possibilidades e alternativas tecnológicas, busca, em parceria com os estudantes, melhores *desempenhos*. Assim, a escola aprende a captar o conjunto das relações sociais do processo educativo e o universo de conteúdos produzidos nessas relações.

O coletivo dos profissionais, em colaboração, pode coletar dados, informações sobre o aluno e, cuidadosamente, identificar suas necessidades e possibilidades, para processar o ensino adequado às suas necessidades de aprendizagem.

Portanto, a finalidade maior da avaliação formativa situa-se no ato de conhecer melhor o contexto da escola, suas interações sociais e pedagógicas. As metas do Projeto Político Pedagógico (PPP) se objetivam na conquista da boa escola, aquela que permite aprendizagens múltiplas e aposta no desenvolvimento dos alunos e dos professores. Nesse contexto, a avaliação formativa instaura um processo de gestão democrática, consolidado pela metodologia do diálogo e do trabalho em grupo. Assim, os atores, de maneira coletiva, solidária e acolhedora assumem como meta educativa o permanente processo de busca pelo melhor e maior conhecimento do mundo e da vida.

Este livro nos convida a entrar na esfera das possibilidades diante do novo, a acreditar que a ação didática deva estar circunscrita num campo de forças capazes de orientar sempre para um contexto de mais aprendizagens para todos, num ambiente de inclusão, repleto de desafios inteligentes, de mobilização para o diálogo afetuoso sobre o ensinar e o aprender.

A decisão do educador pela adesão à avaliação formativa é a própria tomada de consciência da incompletude do ser humano diante do desafio do conhecimento sobre o estudante, a realidade e a vida. Ler um livro que relata uma pesquisa que envereda pelos mistérios das interações humanas e tece os meandros dos dilemas vividos por educadores que desejam acertar em suas escolhas pedagógicas é, com certeza, uma grande oportunidade de maior compreensão do tamanho desse desafio. Abrem-se com ele novas possibilidades de pesquisa e novos questionamentos e, assim, novas chances para que possamos experimentar caminhos novos na incessante busca pelos sucessos nas interações pedagógicas escolares.

*Ângela Imaculada Loureiro de Freitas Dalben*

Professora aposentada da Faculdade de Educação da UFMG. Pesquisadora do Programa de Pós-Graduação: Conhecimento e Inclusão Social em Educação (FaE/UFMG). Diretora da Magistra – SEE/MG

# INTRODUÇÃO

*Não, não tenho caminho novo.*
*O que tenho de novo*
*É o jeito de caminhar. Aprendi*
*(O caminho me ensinou)*
*como convém a mim*
*e aos que vão comigo.*
*Pois já não vou mais sozinho.*
(Thiago de Mello)

Este livro apresenta as experiências vividas pelos professores no processo de reconstrução da sua prática de avaliação. Ele é resultado da pesquisa Tessituras docentes de avaliação formativa desenvolvida por mim no Programa de Pós-Graduação: Conhecimento e Inclusão Social da Faculdade de Educação da Universidade Federal de Minas Gerais.

Trata-se de um livro que focaliza a avaliação que se processou no contexto da sala de aula e em projetos de intervenção pedagógica organizados pelos professores, tendo em vista a superação do fracasso escolar. Nesse sentido, são apresentados relatos e experiências dos professores no processo de avaliação da aprendizagem no cotidiano escolar que revelam dilemas, desafios, mas também, avanços, conquistas e mudanças na escola, tornando-a mais inclusiva.

Dentro desta perspectiva, a partir da análise da prática pedagógica de professores das diversas áreas do conhecimento curricular no processo de implementação da avaliação formativa, o livro propõe a atribuição de novos sentidos e significados para a avaliação.

Esta obra é também resultado do processo vivido por mim nos campos acadêmico e profissional. Nos últimos anos, tenho refletido sobre o dilema vivenciado pelos professores diante da avaliação, percebendo, então, seus desafios e avanços para implementar novas práticas de avaliação. Nesse sentido, leituras realizadas de autores que se dedicaram à pesquisa da avaliação mostraram-me possíveis caminhos que poderão, se reconstruídos e investigados, levar a novas práticas de avaliação, como: Dalben (2000, 2002), Villas Boas (2000, 2001, 2002), Gomes (2003, 2005), Catani e Gallego (2009), San Martí (2009) e Luckesi (2011).

Hoje, sem dúvida, a busca de novas práticas de avaliação é de grande importância, pois o docente reconquista o seu lugar de sujeito no processo educativo. Desse modo, é convocado a produzir um novo conhecimento.

Mas mudanças no ensino se efetivaram graças ao movimento de renovação pedagógica, que teve início no Brasil, na década de 1980. Esse movimento se refletiu nas escolas por meio de inúmeras ações e experiências de caráter inovador que traduziam não apenas necessidades de mudança política, mas também de cunho pedagógico. A luta pela autonomia da escola e sua gestão democrática e o surgimento dos projetos político-pedagógicos são expressões dessas mudanças, que tiveram origem em movimentos sociais mais amplos. Esse processo fez emergir uma nova concepção de escola, que incorpora, dos movimentos sociais, a consciência dos direitos, da cidadania, da igualdade, das culturas, das identidades de gênero, raça e classes. Segundo Arroyo (1995, p. 42), "O movimento de professores avançou nas possibilidades de construir a escola como um espaço público, de direitos, colado a um projeto sociocultural", pensamento com o qual concordo.

Mais adiante, Arroyo acrescenta:

> A escola está renovando-se por aí. Os profissionais estão mais atentos a esses processos cotidianos da escola. As escolas recuperaram uma função sempre central nas instituições educativas: serem tempos-espaços de socialização, de construção de identidades, de hábitos de convívio na diversidade de gênero, de raça, realidades tão presentes em nossa formação social. (ARROYO, 1995, p. 45)

Além das pressões advindas da sociedade em relação à escola, é importante considerar as modificações provocadas pelas próprias políticas educacionais. Trata-se de programas de governos municipais e estaduais que apontam novos caminhos para a educação (Escola Plural, Belo Horizonte; Escola Cidadã, Porto Alegre; Escola Candanga, Distrito Federal; Escola Democrática, Betim, entre outras). Essas novas diretrizes político-pedagógicas vão exigir mudanças na prática pedagógica e na produção de novos saberes docentes relacionados com a democratização do ensino e com a construção de uma escola inclusiva a favor da não retenção.

A abordagem sociológica do princípio da não retenção do aluno em educação fundamental baseia-se em dois pressupostos: o primeiro é a constatação de que a repetência é um dos fatores determinantes da evasão escolar, reforçando a exclusão social; o segundo consiste na concepção pedagógica de que o processo de aprendizagem, como construção do conhecimento, socialização e exercício da cidadania, pressupõe a continuidade e o desenvolvimento de dimensões da subjetividade para além do estritamente cognitivo, ao passo que "o princípio da retenção se estrutura em torno de uma noção de aprendizagem que se fundamenta, principalmente, senão exclusivamente, na dimensão cognitiva" (CORRÊA, 2000, p. 91).

Nesse contexto, Arroyo lembra que:

> À medida que muitas propostas político-pedagógicas pretendem se abrir a esses embates e incorporar as novas dimensões do direito à educação, à cultura e ao desenvolvimento humano, à vivência dos tempos da infância, adolescência e juventude, vão se abrindo novos horizontes, redefinem-se culturas seletivas e credencialistas, e vai sendo incorporada em nosso sistema escolar outra concepção de educação básica, mais totalizante, mais humana. (ARROYO, 2000, p. 40)

Conceber a educação pela ótica do direito é vê-la como responsabilidade do Estado que, na sua relação com o cidadão – sujeito de direitos –, deve ser capaz de formular e executar as políticas necessárias à garantia desses direitos. Assim, o direito à educação que se deseja requer que ela seja pensada a partir dos pontos de vista dos sujeitos que a realizam, seja como educandos, seja como educadores. Supõe, portanto, ver a experiência educacional como *cidadania em ato*, concretizada pelos cidadãos que dela participam.

Portanto, este livro mostrará como o grupo de professores interpreta e explicita uma proposta de avaliação formativa e constrói seu fazer pedagógico a partir dos significados a ela atribuídos. Isso implica não só a necessidade de desvelar aspectos que dizem respeito a concepções, crenças, valores etc., como também a obtenção de dados relativos às práticas pedagógicas e às formas de organização dos professores.

Assim, a avaliação foi interpretada pelos professores das mais variadas formas, gerando multiplicidade de significados. A construção da proposta de avaliação formativa exigiu respeito aos ritmos diferenciados, conhecimento da cultura e dos saberes dos sujeitos envolvidos. Nesse contexto, os espaços-tempos de formação no cotidiano da escola foram fundamentais no processo de reflexão-ação em torno das questões desafiantes da prática.

Para tanto, detive-me na intervenção na sala de aula e nos tempos coletivos criados pelos professores. O que me levou a centrar a pesquisa[1] nos docentes foi a convicção de que, numa proposta formativa em que se busca diferenciar práticas pedagógicas, introduzir mudanças estruturais, redefinir valores, construir uma nova cultura escolar, o papel que se atribui ao professor é decisivo para o desenvolvimento do processo.

Nesse sentido, o professor pode se mobilizar tanto para a resistência quanto para a mudança. A postura que ele assume diante da avaliação resulta de uma série de fatores, relacionados à sua história de vida, à sua formação acadêmica, aos saberes que foram construídos ao longo de sua trajetória profissional, às concepções e significados que atribui à avaliação. A esse respeito, Perrenoud (1999, p. 15) observa, com muita pertinência, que é necessário "energia para mudar a forma de avaliação, ou para reorganizar o trabalho pedagógico e mais ainda para implantar ciclos de aprendizagens".

[1] Este livro é resultado de pesquisa desenvolvida por meio de estudo de caso, de natureza qualitativa, tendo como fontes de dados as observações dos espaços-tempos coletivos dos professores, entrevistas e análises de documentos, em duas escolas da 2ª fase do Ensino Fundamental, 3º ciclo. Do cruzamento dos dados coletados nos questionários, entrevistas, grupo focal, análise de documentos, com a observação participante em sala de aula e nos espaços-tempos coletivos dos professores, delineei um quadro que mostra o empenho das escolas na reconstrução do seu projeto pedagógico, na implementação de práticas de intervenção e de avaliação formativa, e o investimento das escolas na formação dos professores no cotidiano do trabalho escolar.

Assim, parti do pressuposto de que o professor da 2ª fase do Ensino Fundamental,[2] profissional que tem formação específica numa área de conhecimento e dedica-se a ela no seu trabalho, está, nos embates do cotidiano, reconstruindo a sua prática de avaliação. Ao fazer essa opção, esse profissional enfrentará o desafio de romper com a cultura escolar fragmentada, disciplinar, dividida em áreas e departamentos e propor mudanças na cultura profissional, o que significa promover a emergência de novas relações entre os professores. Isso representa um desafio: faz emergir um novo modo de pensar e fazer a educação, rompendo com uma cultura docente interiorizada.

Sendo assim, centrei o estudo na prática de avaliação implementada pelos professores. A construção de um novo modelo, de novos procedimentos é uma tarefa que esbarra em uma série de obstáculos que, como já foi apontado, têm origens socioculturais e históricas.

A especificidade do universo de trabalho do docente e de sua identidade profissional requer estudos que busquem elementos para compreender melhor suas práticas, suas concepções sobre a docência, a avaliação. Daí, será possível ao professor vislumbrar formas de reconstrução contínua dessa proposta inclusiva, podendo, então, responder às necessidades e apelos postos naquele momento histórico.

No meu entendimento, na escola, especificamente, o caminho mais profícuo para abordar esse problema é a observação do trabalho docente em sala de aula, dos espaços-tempos de formação na própria escola, do coletivo dos professores para compreender as concepções, os significados que os docentes atribuem à avaliação. O estudo desses significados permite aproximação das dimensões subjetiva, sociocultural e histórica presentes no processo de avaliação, possibilitando o desvelamento de aspectos importantes da cultura escolar.

Um problema que, aliás, já mencionei no início deste livro, refere-se ao significado que os professores, em particular, atribuem à avaliação. Estudos têm mostrado que uma proposta de avaliação não é assimilada se as pessoas nela implicadas não compartilharem de suas concepções. Em

---

[2] A 2ª fase do Ensino Fundamental ou 3º ciclo é o período característico da adolescência, abarcando os alunos de 12-13, 13-14 e 14-15 anos.

contrapartida, as concepções não têm sentido intrínseco; elas são interpretadas, reelaboradas pelos sujeitos.

Assim sendo, questiono: existe coerência entre a proposta político-pedagógica e a prática de avaliação dos professores? Quais são as concepções, desses professores, de avaliação formativa? Que significados lhe atribuem? Como os alunos são avaliados? A avaliação abrange os aspectos atitudinais, procedimentais e cognitivos? Que espaços são dedicados à reflexão da prática pedagógica? Como são realizados os encontros pedagógicos? Como é aproveitado o tempo dedicado ao projeto de intervenção? Os professores desenvolvem trabalho coletivo? Como são realizados os conselhos de classe?

Ademais, consolidar uma prática docente integrada, realizar uma avaliação processual e formativa constituíam, entre outros, desafios que os professores enfrentavam. Assim, para compreender como eles (re)significavam suas práticas, tentei entender como a avaliação formativa era interpretada por eles. Todavia, também a prática cotidiana carrega significados que são igualmente importantes para revelar os sentidos que estão sendo construídos. Pensando nisso, levantei as seguintes questões: como os professores organizaram sua prática de avaliação a partir da nova proposta de estrutura escolar, não seriada, não fragmentada em tempos de aprendizagem? Como articulavam o trabalho docente? Que tipos de ações e procedimentos eram desenvolvidas com seus alunos? Qual era a relação entre prática de avaliação e formação no processo de trabalho coletivo?

A busca de respostas a essas questões demandou o estudo dos tipos de interações que ocorriam no interior da escola e das ações e procedimentos de ensino decorrentes do trabalho coletivo desenvolvido pelos professores.

Por fim, uma última questão que pretendo abordar, estreitamente ligada à anterior, e que se refere também à formação docente. No meu modo de ver, a formação docente é um processo amplo de desenvolvimento profissional e pessoal, que envolve o universo do trabalho do professor, mas o transcende, abarcando outras dimensões de sua vida. No entanto, tendo em vista o objetivo do trabalho, delimitei alguns âmbitos nos quais ocorrera a formação dos professores em estudo. Assim, focalizei, como prática de formação, todas as ações desenvolvidas dentro da escola pelos docentes que tivessem, como finalidade, favorecer o surgimento de novas práticas de avaliação. Dessa forma, centrei-me nas seguintes questões: que procedimentos de formação no processo de trabalho eram oferecidos aos docentes? Quais eram os referenciais teóricos utilizados por eles que orientavam a sua prática docente? Qual era a relação existente entre a prática de avaliação formativa e os espaços-tempos de formação articulados pelos professores nas escolas?

Para compreender os significados implícitos nas respostas dessas perguntas, foi importante conhecer os espaços-tempos de formação dos professores e observar os valores a eles atribuídos.

Assim, este livro foi organizado em quatro partes. Na primeira parte, discuto a concepção de avaliação da aprendizagem focalizando a avaliação formativa. Em seguida, na segunda e na terceira partes, apresento as experiências coletivas de avaliação formativa construídas pelos professores na organização dos espaços-tempos pedagógicos, em especial, a sala de aula e o projeto de intervenção. Na quarta parte, destaco as relações existentes entre as mudanças na prática de avaliação e os procedimentos de formação dos professores no cotidiano escolar.

Por fim, nas considerações finais, retomo os aspectos significativos deste estudo, destacando as suas contribuições para entendimento do processo de avaliação da aprendizagem na escola, e apresento implicações destes aspectos relevantes para a formação continuada dos professores.

Capítulo 1

# CONCEPÇÕES DE AVALIAÇÃO DA APRENDIZAGEM ESCOLAR: RESGATANDO A AVALIAÇÃO FORMATIVA

*Se as coisas são inatingíveis... ora!*
*Não é motivo para não querê-las...*
*Que tristes os caminhos, se não fora a mágica*
*presença das estrelas!*
(Mário Quintana)

As coisas são inatingíveis? Conforme assinala Quintana, não. Cada um de nós é que nos espaços-tempos elege procedimentos, define rumos, ante a realização de algum projeto que almeja. A presença mágica das estrelas, neste estudo, revelou-se em vários momentos nas contribuições de todos aqueles que, de uma forma ou de outra, participaram dessa construção.

Assim, neste capítulo, focalizo, primeiramente, elementos que incluem o pensar e o fazer dos professores. Em seguida, apresento alguns autores da literatura referente à avaliação formativa, depois insiro a discussão da avaliação formativa no campo da Didática, campo do conhecimento voltado para a prática docente.

O lugar e o ponto de vista de onde reflito sobre o processo pedagógico é o lugar da docência. Lugar de experiência e vivência educacional onde fui construindo minhas reflexões. O exercício da docência exige resgate da memória, do conhecimento, das experiências e reflexões sobre a prática que se revelam nos projetos educacionais e nos planejamentos de cursos. Essas ideias importantes levaram-me a inúmeras interrogações. Por exemplo: que espaços de experiências coletivas tem hoje o docente? Em que contexto ocorre o seu horizonte de expectativas? Que iniciativas são tomadas para efetivar mudanças na escola? Que intervenções podem ser feitas na produção de novas experiências?

Essas questões devem ser pensadas quando se propõe construir um projeto de ensino. Pensar e construir um projeto político pedagógico reencantado é chamar o outro à vida, é tirá-lo da exclusão despertando toda a gama de potencialidades que o ser humano pode desenvolver. O reencantamento da educação, no dizer de Assmann (1998), requer a união de sensibilidade social e eficiência pedagógica. Portanto, "o compromisso ético-político do educador manifesta-se primordialmente na excelência pedagógica e na colaboração para um clima esperançador no contexto escolar" (ASSMANN, 1998, p. 34). Tal proposta enfatiza uma visão de docência como ensejo e produção de experiências de aprendizagem.

Avançando o raciocínio, do ponto de vista de uma nova concepção de educação, em primeiro lugar, deve-se aprender que educar não é um simples ato de memorização ou de acúmulo de informações. Nesse sentido, ensinar deixa de ser um processo de repassar conteúdos prontos. A aprendizagem passa a vincular-se a um contexto que tenha significado concreto. E o conhecimento passa a ser construído em relação aos contextos da realidade social em que os conteúdos serão utilizados, sendo, por isso, impossível separar os aspectos cognitivos dos emocionais e sociais. Nessa perspectiva, aprende-se participando, vivenciando sentimentos, agindo diante de fatos, escolhendo procedimentos para atingir determinados objetivos. Ensina-se não só pelas respostas dadas, mas, principalmente, pelas experiências que se proporcionam com vistas à solução de problemas. "Os educadores sabem que a educação passa por juízos, pelo senso crítico e ético que permite apreciar e definir o que fazer; onde intervir; que dimensões, saberes, valores, hábitos, competências formar nos diversos coletivos dos educandos" (ARROYO, 1995, p. 43).

Nesse sentido, a avaliação formativa relaciona-se com a opção de um currículo integrado e exige que se façam propostas de trabalho coerentes, com sentido para os alunos e, evidentemente, para os professores. Nessa medida, a reflexão, o debate, o trabalho coletivo são importantes porque contribuirão para a mudança de concepções, sentidos e significados. Nesse contexto, a adoção da avaliação formativa em sala de aula demanda uma escola voltada para os processos formadores dos educandos. Trabalhando nessa direção, a escola assume e cumpre seu compromisso social de instância de aprendizagem sistemática, requerida pelos demais tempos-lugares de vida dos sujeitos socioculturais.

Com efeito, analisando as escolas, percebi que, para entender a escola, é preciso compreender aqueles que a fazem no cotidiano, isto é, saber quais as razões que mobilizam professores, alunos e pais. Isso significa entender o imaginário individual e grupal dos alunos. Significa saber das concepções e propostas dos professores e expectativas dos pais, pois a história da escola se constrói pelos sentidos e significados que compõem uma rede de tessituras e de articulações no imaginário social.

Entendo também que cabe ao Projeto Político Pedagógico (PPP) da escola realizar essa tessitura do fazer instituinte com o instituído, da vida assumida com as condições sociais e materiais necessárias à continuidade das ações. A sua importância está na gestão compartilhada por todos. Isso significa organizar e conduzir as práticas diferenciadas que promovam as aprendizagens pretendidas.

Para Dalben (2002), organizar um processo de ensino efetivo implica criar situações de aprendizagem que despertem desejo e interesse no aluno. A propósito, presenciei, nas duas escolas, momentos em que os professores foram capazes de criar expectativas, mobilizar e estimular os alunos, além de atendê-los, possibilitando o desenvolvimento da sua formação. Assim, pelo olhar pedagógico e pela intervenção efetiva, o professor é capaz de transformar as vivências do cotidiano em situações pedagógicas. Atento ao conjunto das múltiplas relações que o aluno estabelece e explicita em suas ações, o professor é capaz de encontrar meios de transformá-las em conhecimentos organizados. É nesse movimento que o professor ajuda o aluno a identificar tudo o que está aprendendo. Nesse sentido, Dalben afirma que:

> Uma relação pedagógica se faz no contexto de uma situação pedagógica, isto é, aquela situação em que o professor e alunos relacionam-se numa dada circunstância com intencionalidade educativa explícita. Essa relação pedagógica será efetiva se promover vínculos de sentido e significado ca-

> paz de alterar, modificar, organizar ações para além da situação específica vivenciada. Esses vínculos estabelecem-se quando nos deparamos com situações que nos fazem refletir e acionar todos as competências de que dispomos para agir e buscar soluções para as ações propostas. Novas competências e conhecimentos são construídos a partir dessas vivências e passam a fazer parte do nosso repertório. (DALBEN, 2002, p. 24)

Portanto, currículos, programas, disciplina, instrumentos de ensino, metodologia e técnicas, tudo é apenas pretexto para a densidade das relações que se estabelecem entre professor e aluno. Assim, a docência e a aprendizagem se dão no relacionamento pedagógico da ação da palavra e da palavra da ação, pelo qual os sujeitos fazem-se singularizados em sua generalidade humana.

## 1.1 A nova concepção de avaliação da aprendizagem: a avaliação formativa

Nesta parte, focalizo a avaliação formativa, destacando elementos significativos para sua compreensão. Mudanças na concepção de avaliação vêm acompanhadas de mudanças na organização dos espaços-tempos dos professores. Nesse contexto, a prática vivida no cotidiano escolar provoca inúmeros desafios que são compartilhados no coletivo.

Dalben, abordando essa questão, mostra que o trabalho do professor não deve ser solitário. O conhecimento dos alunos far-se-á num processo permanente de avaliação. A formação de pequenos coletivos de professores para o atendimento das turmas de alunos permitirá que o trabalho docente se organize e se efetue a partir de dados compartilhados. "Coletivos maiores, formados pelo conjunto de professores de ciclos ou de turnos, oferecerão crivos de avaliação para novos processos de reflexão e produção do conhecimento sobre o aluno e seu grupo" (DALBEN, 2000, p. 61).

Nessa visão, a proposta da avaliação formativa exigiu mudança na concepção de avaliação. Nessa proposta, o professor compartilha os resultados com o aluno, participa do processo de aprendizagem fazendo parte integrante dele. Seu objetivo é promover, de fato, a aprendizagem. Assim, a avaliação é entendida como fonte de informação e referência para a formulação de práticas educativas que levem à formação global de todos os envolvidos no processo escolar.

É importante destacar que, a partir da segunda metade da década de 1980, novas perspectivas abrem caminho para o conhecimento da escola e das suas práticas. Assim, emerge uma *nova concepção de avaliação formativa* denominada alternativa emergente por Lüdke e André (1992); emancipatória por Saul (1994) e crítica por Luckesi (1995).

A esse respeito, Dalben esclarece:

> Este novo conceito de avaliação defende uma nova concepção de trabalho pedagógico, alterando a perspectiva transmissiva de processo de ensino. Proclama uma interação permanente: professor x aluno x conhecimento e, neste contexto, o sentido da avaliação direciona-se para um processo de investigação contínua e dinâmica da relação pedagógica como um todo. (DALBEN, 1999, p. 78)

De acordo com essa nova concepção de avaliação, ao professor caberá o papel de acompanhar todo o processo de avaliação, coletando dados, informações sobre os alunos e, cuidadosamente, registrar as necessidades deles e possibilidades. O processo de ensino torna-se um desafio para o professor, que deverá estar atento à investigação das questões que merecem maior investimento pedagógico e, consequentemente, alteração nos encaminhamentos didáticos.

É possível identificar, nesse foco diferenciado de avaliação formativa, uma nova perspectiva de avaliação da aprendizagem, cuja preocupação é o desenvolvimento da capacidade de luta da realidade social, vivenciada pelos sujeitos envolvidos na relação pedagógica, na tentativa de superação do senso comum. Nessa direção, o processo pedagógico terá vistas à valorização do aluno e do professor como cidadãos que têm vivências e histórias diferentes, promotoras de pluralidade de pontos de vista fundamentais no entendimento da prática e da ação consciente.

Segundo Dalben:

> Dentro da nova perspectiva, um professor, ao avaliar o seu aluno, deve também avaliar a sua própria forma de inserção na sociedade, o seu papel, as suas condições de trabalho, a sua formação, a sua metodologia, os recursos por ele utilizados em sala de aula. A avaliação transforma-se em conhecimento da realidade, e neste sentido é fundamental que o professor se preocupe em analisar o aluno numa perspectiva ampla, exigindo para isso a utilização de atividades de ensino que permitam uma participação coletiva

> efetiva, através da utilização de formas variadas de expressão. (DALBEN, 1999, p. 79)

Coerentes com essa concepção de avaliação, os professores passam a conhecer melhor o retrato sociocultural do aluno, a sua situação econômica, suas percepções ante as atividades da sala de aula e da escola, seus sentimentos e expectativas.

Outro estudo relacionado com esta pesquisa é o de Perrenoud. Num de seus trabalhos, ele afirma que a avaliação formativa, para ser verdadeira, não deveria ser utilizada para outros fins que não fossem melhorar o ensino e a aprendizagem. Nas palavras desse autor,

> Talvez seja mais razoável colocar como princípio que a avaliação formativa dá informações que serão sempre propriedade do professor e dos seus alunos. Cabe a eles decidir o que querem transmitir aos pais e à administração escolar. Se esta quiser ter uma idéia precisa do que os alunos sabem e da eficácia dos professores, tem de encontrar os seus próprios instrumentos necessários, não inviabilizando uma avaliação formativa que deve permanecer, de qualquer maneira, um assunto entre o professor e os seus alunos, para que o contrato de confiança não seja quebrado. (PERRENOUD, 1992, p. 165)

Pelos motivos acima explicitados, interessa-me sobretudo chamar a atenção para a avaliação formativa como dispositivo pedagógico adequado à concretização de efetiva igualdade de oportunidades de sucesso na escola básica. Nesse sentido, defendo que a avaliação formativa – sendo uma das modalidades de avaliação mais apta à utilização dos espaços de relativa autonomia que a escola pública possibilita – é também um dos instrumentos pedagógicos que mais eficazmente podem dar viabilidade à ação docente, sobretudo quando se espera que seja "promotora de uma democracia participativa, exigida para fazer face aos novos problemas que desafiam a escola de massas numa época de globalização" (STOER, 1992, p. 74).

Além disso, a avaliação formativa pode ser entendida como atividade contínua, progressiva, sistemática, flexível, orientadora da atividade educativa e personalizada, ao respeitar o ritmo individual de desenvolvimento de cada aluno. Dalben (1998, 2000, 2002), Esteban (2001), Perrenoud (1999, 2001), Villas Boas (2001), Silva (2004), Gomes (2003, 2004, 2005),

Condemarín e Medina (2005) e Luckesi (2011), entre outros pesquisadores, oferecem contribuições significativas no que se refere ao desafio de tornar a avaliação um processo formativo, construído ao longo do processo ensino-aprendizagem. Nessa direção, Dalben afirma que a avaliação como processo dinâmico assume a postura de ação-reflexão-ação contínua, que promove a gestão de novas ações.

Outro aspecto que considero importante é que a avaliação como prática de ensino-aprendizagem pressupõe constante interrogação e revela-se um instrumento relevante para professores comprometidos com uma escola democrática. Assim agindo, eles frequentemente se veem diante de dilemas que exigem que, cada dia mais, sejam capazes de investigar sua própria prática para formular respostas possíveis aos problemas urgentes, entendendo-se que elas sempre poderão ser aperfeiçoadas.

Nessa perspectiva, a avaliação formativa aparece como instrumento de emancipação que possibilita aos professores acompanhar a aprendizagem dos alunos, ajudá-los no seu percurso escolar cotidiano. Fundamenta-se no diálogo e no reajustamento contínuo do processo de ensino. Trata-se, todavia, de uma modalidade de avaliação trabalhosa, que exige energia, disponibilidade de tempo para acompanhar e regular o processo de ensino, para elaborar atividades pedagógicas.

Vale ressaltar, ainda, que a avaliação formativa e contínua consiste em uma prática educativa contextualizada, flexível, interativa, presente ao longo do curso, de maneira contínua e dialógica (FREIRE, 1975). O aperfeiçoamento da prática educativa é o objetivo básico de todo educador. Freire entende aperfeiçoamento como meio para que todos os alunos consigam o maior grau de competências, conforme suas possibilidades reais. Coerente com essa perspectiva, o alcance de objetivos por parte de cada aluno passa a ser um alvo que exige conhecer os resultados e os processos de aprendizagens que os alunos perseguem. E, para melhorar a qualidade do ensino, é preciso conhecer e poder avaliar a intervenção pedagógica dos professores de forma que a ação avaliadora observe os processos individuais e os grupais.

A esse respeito, Zabala salienta:

> Dificilmente podemos conceber a avaliação como formativa se não nos desfizermos de algumas maneiras de fazer que impedem mudar as rela-

> ções entre alunos e professor. Conseguir um clima de respeito mútuo, de colaboração, de compromisso com um objetivo comum é condição indispensável para que a atuação docente possa se adequar às necessidades de uma formação que leve em conta as possibilidades reais de cada aluno e o desenvolvimento de todas as capacidades. [...] um clima de cooperação e cumplicidade, é a melhor maneira de que dispomos para realizar uma avaliação que pretende ser formativa. (ZABALA, 1998, p. 210)

Reafirmo a dimensão transformadora da avaliação formativa mais uma vez utilizando os referenciais de Hadji (2001). Esse autor destaca a relação de extrema confiança e cumplicidade que há entre os alunos e docentes, o que exige, da parte dos professores, capacidade de fazer as articulações e pontos possíveis constituindo espaço de solidariedade, reciprocidade e emancipação. Assim, a partir do compromisso com esse novo enfoque, é possível que se promova a renovação global da pedagogia provocando mutação da prática docente. Outrora transmissor de lições, o docente torna-se o criador de situações de aprendizagem portadoras de sentido e de regulação.

Dentro desse contexto, verifica-se, assim, um novo conceito de avaliação que revela uma concepção de ensino que se constrói no processo. A ação de avaliar passa a ser entendida como "processual e reveladora das possibilidades de construção de um processo educativo mais rico e mais plural" (DALBEN, 2002, p. 6). Assim, a prática docente de avaliação formativa reconstrói a relação pedagógica. Os diferentes sujeitos que recriam, no cotidiano, a escola – professores, alunos e pais – são sujeitos avaliadores por si mesmos, que "interpretam e atribuem significados e sentidos à realidade escolar na qual estão inseridos, a partir das diferentes leituras dessa realidade" (DALBEN, 2002, p. 7) possibilitada pelas múltiplas experiências vividas no contexto escolar.

## 1.2 A avaliação formativa pensada no âmbito da Didática

Fazendo parte da reflexão sobre a eficácia do ensino, a avaliação formativa deveria ser pensada no âmbito da Didática. A Didática fala, então, a linguagem das situações de comunicação. No dizer de Martins (1996), o compromisso da Didática se baseia na reconstrução de novas práticas:

olhar crítico sobre a realidade/ação, sobre a realidade/pensamento. Trata-se de redescobrir regulações adaptadas às novas exigências e desafios da docência.

Neste sentido, Martins[3] (1998) reafirma que o professor ocupa, na escola, o lugar de sujeito do seu fazer docente. As mudanças no processo de ensino estão vinculadas à forma como ele organiza seu trabalho.

De acordo com essa perspectiva, conceber a didática como dispositivo de regulação é romper com a distinção clássica entre o tempo do ensino, no sentido amplo, e o tempo da regulação. A concepção de didática que defendo refere-se a um dispositivo que favorece a regulação contínua das aprendizagens. Martins (1998) salienta que o trabalho com a avaliação mais democrática perpassa o campo da Didática, da relação professor/aluno e da organização pedagógica da escola.

Perrenoud (1991, p. 50), após ter relembrado que é "formativa toda avaliação que auxilia o aluno a aprender e a se desenvolver, ou seja, que colabora para a regulação das aprendizagens e do desenvolvimento no sentido de um projeto educativo", afirma que seria melhor falar de "observação formativa do que de avaliação". Três características são, pois, claramente declaradas. Primeiramente, a avaliação torna-se formativa à medida que se inscreve em um projeto educativo específico, como o de favorecer o desenvolvimento daquele que aprende, deixando de lado qualquer outra preocupação. Assim, de acordo com o autor: "A observação é formativa quando permite guiar e otimizar as aprendizagens em andamento" (PERRENOUD, 1991, p. 50).

O autor destaca que a segunda característica dessa avaliação é sua virtude informativa, que é seu caráter essencial. Para facilitar o processo, basta informar os atores – no caso, professor e aluno – do processo educativo. O professor, que será informado dos efeitos reais de seu trabalho pedagógico, poderá regular sua ação a partir disso. E o aluno terá conhecimento de seu

[3] Os estudos de Martins (1998, 2000) desvelam um importante processo vivenciado pelos professores. Em seu cotidiano, eles tomam iniciativas para enfrentar as contradições próprias da organização escolar. A autora problematiza a prática pedagógica, analisa-a criticamente e propõe novas práticas, tendo em vista contribuir, por um lado, com a prática dos professores envolvidos no processo e, por outro, com a área da Didática, levantando princípios relativos ao seu campo de conhecimento e aos processos metodológicos para ensino dessa disciplina, na formação docente.

desempenho e poderá tomar consciência das dificuldades que encontra, tornando-se capaz, na melhor das hipóteses, de reconhecer e refazer, com o apoio do professor, a sua trajetória na direção da aprendizagem.

Assim, à terceira e mais importante característica, a da função de regulação voltada para o professor e para o aluno, o autor acrescenta outra – a função corretiva. De fato, o professor, assim como o aluno, deve poder corrigir sua ação modificando, se necessário, seu dispositivo pedagógico com o objetivo de obter melhores efeitos por meio de maior visibilidade didática (WEISS, 1993). Nesse sentido, a avaliação formativa implica, por parte do professor, flexibilidade e vontade de adaptação, de ajuste. Tal característica é, sem dúvida, um dos indicativos capazes de fazer com que se reconheça uma avaliação formativa. Caracteriza-se pelo aumento da variabilidade didática.

A partir dos argumentos descritos, posso afirmar que a proposta de avaliação formativa exige mudança na concepção de avaliação docente. Nesse modelo, o professor compartilha os resultados com o aluno, interfere no processo de aprendizagem e torna-se parte integrante dele. Isso porque o objetivo é promover o processo ensino-aprendizagem. Nessa perspectiva, a avaliação é entendida como forte papel da informação e referência para a formulação de práticas docentes que levem à formação global de todos os envolvidos.

Consciente dos desafios dessa prática, mudar a avaliação significa mudar a escola. Assim, trabalhar no sentido da avaliação mais democrática implica trabalhar, simultaneamente, os campos da docência, da avaliação, da didática, da relação entre professor e aluno, da organização pedagógica da escola.

Dentro desta perspectiva toda situação didática, proposta de maneira uniforme a todos os alunos, será inadequada. Daí a importância do ensino diferenciado, prática docente voltada para a organização das interações e atividades de modo que cada aluno se defronte com situações didáticas que lhe sejam as mais fecundas e desafiadoras possíveis.

Merecem, ainda, atenção, as contribuições de Hadji (2001). Esse autor situa a avaliação no centro da ação de formação. Sua função principal é contribuir para uma boa regulação da atividade de ensino. Trata-se de levantar informações úteis à regulação do processo ensino-aprendizagem. É isso que permitirá julgar a sua *formatividade*.

Em seus estudos, Hadji (2001) afirma que não há instrumentos específicos para a avaliação formativa. O que a caracteriza é a vontade de dispor seu tempo e suas atividades a serviço da aprendizagem. Assim, o professor deve estar atento ao que os alunos fazem, verificar se eles apresentam dificuldades na sala de aula, enfim, deve ajudá-los a refletir sobre essas dificuldades. Portanto, a avaliação formativa é o ideal que contribui para regular a prática docente.

A partir desse ponto de vista, a avaliação formativa nada mais é do que uma prática que se coloca a serviço da docência, da aprendizagem, da formação. Por esses motivos, foi entendida como prática contínua, progressiva, sistemática, flexível porque respeita o ritmo de desenvolvimento dos alunos. Seu papel é permitir que cada um se desenvolva da melhor forma possível.

Nesse sentido, também um grupo de autoras, a saber, Souza (1994), Grispun (1994, 1996), Abramowicz (1995) e Werneck (1996), propõem uma avaliação holística do aluno que não se restrinja aos aspectos cognitivos, procurando contemplar sua condição existencial, sentimentos, motivações, valores. As autoras destacam o caráter dinâmico e interativo do processo e apontam um paradigma denominado crítico-humanista.

Lüdke (1995), por sua vez, parte da discussão crítica dos modelos de avaliação comprometidos com a busca de instrumentos de medida *válidos e fidedignos*, propugnando uma concepção de avaliação fortemente integrada ao próprio processo de ensino aprendizagem, como base para o desenvolvimento de propostas que venham ao encontro das necessidades de alunos e professores. Já Wachowicz (2002), em sua abordagem sobre a avaliação, discute a avaliação dialética propondo a mudança da avaliação de resultados para uma avaliação de processo, indicando a possibilidade de realizar-se na prática pela descrição e não pela prescrição da aprendizagem.

Luckesi (2011) também faz uma distinção importante entre julgamento e avaliação. Para ele, o julgamento define uma situação, do ponto de vista do sim e do não, do certo e do errado; a avaliação acolhe alguma coisa, ato, pessoa ou situação, reconhece-a como diagnóstico para agir; há o que existe e esta situação é acolhida para ser modificada. Ele define a avaliação da aprendizagem como um "ato amoroso, no sentido de que a avaliação por si, é um ato acolhedor, integrativo, inclusivo" (LUCKESI, 2011, p. 205). Tem, portanto, objetivo de diagnosticar, acolher e reincorporar o educando, pelos mais variados meios, no processo de aprendizagem de tal forma que integre todas as suas experiências de vida.

As análises realizadas por Freire mais se aproximam ainda do que se passa no dia a dia das escolas e das salas de aula:

> Os sistemas de avaliação pedagógica de alunos e de professores vêm se assumindo cada vez mais como discursos verticais, de cima para baixo, mas insistindo em passar por democráticos. A questão que se coloca a nós, enquanto professores e alunos críticos [...] É lutar em favor da compreensão e da prática da avaliação enquanto instrumento de apreciação do *que-fazer* de sujeitos críticos a serviço, por isso mesmo, da libertação e da não domesticação. Avaliação em que se estimule o falar a como caminho do falar com. (FREIRE, 1996, p. 130-131)

O autor ressalta que o conhecimento é construído pelo sujeito e, portanto, a sua avaliação também. "A experiência na escola é um momento importante que precisa de ser autenticamente vivido" (FREIRE, 1996, p. 127). Afinal, o espaço pedagógico é um texto para ser constantemente lido, interpretado, escrito e relido. Nesse sentido, quanto mais solidariedade existe entre o educador e os educandos no trato deste espaço, tanto mais possibilidades de aprendizagem democrática se abrem na escola. Ensinar exige compreender que a educação é uma forma de intervenção no mundo. "A leitura de mundo revela, evidentemente, a inteligência do mundo que vem cultural e socialmente se constituindo. Revela também o trabalho individual de cada sujeito no próprio processo de assimilação da inteligência do mundo" (FREIRE, 1996, p. 139). Nesse sentido, o diálogo é uma espécie de postura necessária, à medida que os seres humanos se encontram para refletir sobre sua realidade tal como a fazem e refazem. Por meio do diálogo, refletindo junto sobre o que sabemos e não sabemos, podemos, então, atuar criticamente para transformar a realidade.

Sob o ponto de vista metodológico, percebo que, ao lado da resistência ainda forte de alguns professores à mudança, já aparece em outros tendência a usar sua inegável autonomia em favor de mudanças estruturais que, apesar de pequenas, podem agir decisivamente em prol de novos percursos do aluno na escola. Essas práticas estão relacionadas com as características da escola como um todo, com as da proposta pedagógica do professor, explícita ou não, com as da prática de avaliação e das relações construídas pelos professores.

Capítulo 2

# TESSITURAS DOCENTES DE AVALIAÇÃO FORMATIVA: UM PROCESSO DE CONSTRUÇÃO COLETIVA

> *[...] a avaliação da aprendizagem é uma invenção daqueles atores/ autores que cotidianamente constroem o processo de ensinar e aprender, é concordar que a avaliação da aprendizagem tem uma mobilidade. Compreender a mobilidade da avaliação da aprendizagem é alterar a dinâmica da prática pedagógica diante de seus resultados.*
>
> (BARRETO, 1998, p. 20)

Como já foi pontuado no capítulo anterior, este estudo possibilitou identificar, na prática dos professores, elementos constitutivos da avaliação formativa. Portanto, a intenção aqui é tomar nas mãos a tessitura[4] do processo ensino-aprendizagem elaborada pelos professores no cotidiano escolar e fixar o olhar em vários de seus pontos, desfiando alguns fios que são categorias referentes às práticas de avaliação dos professores.

O desafio é, ao desfiar essa trama, fazer uma análise da avaliação da aprendizagem escolar procurando apresentar novos elementos reveladores

---

[4] O termo *tessituras* foi utilizado para caracterizar as relações desenvolvidas pelos professores. Nos espaços-tempos escolares os professores construíram, planejaram, organizaram o fazer docente, teceram a trama dessas relações a partir de múltiplos fios e, assim, deram um novo sentido ao cotidiano e às práticas pedagógicas (GOMES, 2003).

de procedimentos diferenciados num processo de ensino voltado para o atendimento das dificuldades do aluno.

Diversos fios compõem essa tessitura docente de avaliação. A inspiração de puxar o fio da avaliação formativa veio da epígrafe apresentada neste capítulo, que aponta uma nova lógica para a avaliação e para a prática docente tornando-a inclusiva e, portanto, diferenciada. As práticas de avaliação formativa adquirem sentido à medida que se articulam com uma pedagogia diferenciada. Desse modo, é importante compreender que a avaliação se justifica como suporte do projeto docente e, por isso mesmo, é um dos elementos do processo de construção e reconstrução da docência e da avaliação devendo, pois, ser pensada e construída na prática escolar.

Ademais, a maneira como o professor estabelece critérios e constrói instrumentos de avaliação da aprendizagem define seu conceito de educação, de docência, de construção do conhecimento, de organização dos espaços-tempos de aprendizagem e, sobretudo, sua relação com os alunos.

Puxo mais um fio dessa trama afirmando que a compreensão do significado da avaliação da aprendizagem escolar passa pelo entendimento do que seja o processo de construção do conhecimento vivido pelo sujeito que aprende. Esse processo torna-se mais claro na avaliação contínua da prática docente, em outras palavras, na avaliação formativa.

Portanto, avaliar o aproveitamento escolar significa diagnosticar o que alunos reconstruíram do conhecimento socializado e em que parte o professor precisa interferir tendo por base as suas reais necessidades. Tal análise fornece subsídios aos professores ao evidenciar os saberes que demandam reconstrução no movimento de repensar a ação docente.

Outro fio que precisa ser puxado da tessitura do processo pedagógico escolar diz respeito à relação entre os conhecimentos em construção pelo aluno e os procedimentos de socialização desses conhecimentos adotados pelos professores. Isso porque a avaliação constitui um dos aportes para a mediação dos professores entre os conhecimentos curriculares e os alunos. Portanto, a avaliação da aprendizagem é plena de significados e pode ser entendida como tomada de consciência do desempenho do professor e do aluno no processo de socialização e reconstrução de conhecimentos.

Além do mais, quero assinalar que o professor e o aluno são os atores fundamentais no processo ensino-aprendizagem. Avaliar tais processos é trabalho de ambos, representa estabelecimento de relações afetivas, dialogais, ação comunicativa no sentido atribuído por Habermas (1987) em seu nível de problematização, negociação de significados para a busca de entendimento tendo em vista um processo desejável.

Nesse sentido, a avaliação formativa implica prática de sujeitos - professores e alunos - que, cotidianamente, constroem o processo de ensinar e aprender. Numa palavra: aí está presente uma ideia de mobilidade. Compreender a mobilidade da avaliação da aprendizagem implica compreender a alteração da dinâmica da prática pedagógica diante de seus resultados porque a avaliação é um processo de múltiplos fios. Tratar da avaliação é tratar da construção do conhecimento. Portanto, na prática docente e na avaliação, há muitos desafios nos fios que os professores precisam puxar para tecer e compor a trama do trabalho pedagógico formativo.

## 2.1 A prática de avaliação nas escolas

Para chegar à questão da avaliação, foco central da pesquisa que originou esta obra, precisei desatar fios como currículo e projeto docente das escolas, pois não se compreende a avaliação sem o entendimento das redes de relações estabelecidas com o currículo, com a organização do trabalho pedagógico, enfim, com a prática escolar cotidiana. Nessa perspectiva, a avaliação só se compreende em relação. Assim, o aprofundamento dessa análise provoca o (re)significar da própria concepção de educação, de escola, currículo e, consequentemente, de avaliação.

Um dos elementos fundamentais da concepção de educação e escola é a avaliação. Nessa concepção, avaliar não significa *classificar ou sentenciar, aprovar ou reprovar.* Implica, isto sim, incidir sobre aspectos globais do processo, tanto sobre as questões ligadas ao processo ensino-aprendizagem, quanto sobre as que se referem à intervenção do professor, ao projeto curricular da escola, à organização do trabalho escolar, à função socializadora e cultural, à formação de identidades, dos valores, da ética, enfim, do seu projeto pedagógico.

A avaliação constitui um dos *núcleos vertebradores* do processo ensino-aprendizagem. De acordo com esta concepção, deve-se levar em conta que: a abordagem da avaliação é qualitativa; a avaliação é contínua e processual, expressa por conceitos; a observação do aluno constitui o principal procedimento de coleta de informações que devem ser minuciosas e organizadas por meio de fichas; nessa nova escola evitam-se as provas no sentido tradicional do termo; a retenção (reprovação) do aluno só deve ocorrer em situações de extrema necessidade; o desenvolvimento da criatividade, da capacidade de análise crítica é valorizado.

Nessa direção, a avaliação formativa contempla não só um processo abrangente de análise de desempenho do aluno, pressupondo acompanhamento constante e levando em conta as diversas dimensões para seu atendimento, mas, também, do trabalho desenvolvido pelo professor. Nesse sentido, subsidia a tomada de decisões e o aperfeiçoamento do ensino e enfatiza um aspecto diagnóstico, processual, informando os protagonistas da ação para seu aperfeiçoamento constante.

### 2.1.1 A avaliação na Escola Municipal Lúcia de Freitas

Em seu Projeto Político Pedagógico (PPP), os docentes da Escola Municipal Lúcia de Freitas (EMLF)[5] chegaram a definir uma linha para a avaliação escolar. Afirmaram que ela devia considerar como eixo o processo percorrido pelo aluno na construção do conhecimento e não somente o produto. Devia ser, portanto, contínua, dinâmica e investigativa.

Eis alguns depoimentos[6] dos professores sobre a avaliação:

> Defendo uma avaliação mais aberta, concepção mais ampla. Conteúdo e acompanhamento precisam estar presentes. Não significa soltar a corda e deixar o aluno à vontade. (Profa. Hilda, Português e Filosofia, 9º ano, EMLF)

> Eu avalio observando o desempenho da turma, observando o comprometimento individual. Por enquanto não estou aplicando provas. Aplico exercícios, recolho, dou retorno para os alunos. Sinto que eles não estão preparados para fazer avaliação sem consulta. (Profa. Ivana, Português e Inglês, 9º ano, EMLF)

[5] Os nomes das escolas e dos professores nos depoimentos são fictícios.

[6] Todas as transcrições de falas dos professores, neste livro, estão apresentadas na íntegra.

E ainda:

> Eu sou tradicional, dou provas mais ou menos uma vez por mês. Aplico exercícios em sala de aula e realizo correções coletivas. (Prof. Daniel, Matemática, 9º ano, EMLF)

> Existem visões bem diferenciadas quanto à avaliação. Percebo que ainda estão presos a uma avaliação somativa. Está presente uma dificuldade para uma prática mais formativa. (Profa. Elza, Coordenadora Pedagógica, EMLF)

Mas constatei que os docentes tinham consciência da necessidade de mudar o foco da avaliação, tornando-a mais formativa. Percebi que eles sentiram a importância desse processo de avaliação uma vez que, pelo registro das dificuldades do aluno, era possível ter o retrato do desenvolvimento dele em relação a si mesmo e aos objetivos propostos. Para isso, em sua prática, os professores optaram pela elaboração do Caderno da Turma e nele registravam os dados relativos ao desempenho dos alunos.

Eis alguns exemplos de depoimentos:

> Olha, sou contra a reprovação. Estava passando da hora de mudar o estilo de avaliação. A prova existe, mas ela é um dos instrumentos. Nós também abolimos a nota. (Prof. Pedro, Português e Inglês, 7º ano, EMLF)

> Antes avaliávamos para dar notas. Aprovar ou reprovar. Agora com o modelo formativo avaliamos para saber o que o aluno aprendeu e o que precisa melhorar. (Profa. Isaura, Matemática e Filosofia, 7º ano, EMLF)

> Eu penso que a avaliação formativa traz um novo jeito da gente olhar o aluno. O professor tem mais trabalho, mas os registros ajudam muito. (Profa. Regina, Ciências e Educação Artística, 7º ano, EMLF)

Em seus depoimentos, os docentes afirmaram que o registro devia contar os progressos e as dificuldades de cada aluno, evitando-se os conceitos e notas que não expressavam o processo de aprendizagem do aluno. Portanto, esses registros serviam de referência aos professores para o replanejamento da sua ação pedagógica.

Verifiquei também concordância dos professores quanto ao caráter formativo dos instrumentos de avaliação. Eles achavam que o professor deveria evitar o predomínio de punições. Segundo eles, os instrumentos de avaliação formativa servem para organizar o conhecimento, diagnosticar o que o aluno sabe e o que ainda não sabe. Nesse sentido, a avaliação constitui, também, momentos de aprendizagem, ou seja, ela só faz sentido quando provoca o desenvolvimento do aluno e reorienta a prática do professor.

### 2.1.2 A avaliação na Escola Municipal Ângela Martins

A concepção de avaliação da Escola Municipal Ângela Martins (EMAM) não se fez de forma pontual, localizada e/ou parcial, mas encontrava-se em todos os espaços da nova organização do trabalho escolar. Era entendida, portanto, como um processo permanente, de caráter diagnóstico e, por isso, deveria apontar soluções para os problemas que dificultavam a aprendizagem.

Os comentários a seguir apresentam experiências dos professores sobre sua vivência de avaliação no processo:

> Avalio os meus alunos através de avaliação diagnóstica, observação em sala de aula do trabalho individual, em dupla ou pequenos grupos. Aplico também provas no final da etapa e crio espaço para a auto-avaliação do aluno. (Prof. Gildo, Matemática, 9º ano, EMAM)

E ainda:

> Na avaliação é fundamental acompanhar o cotidiano da sala de aula, observar como os alunos se relacionam, cumprem sua tarefa escolar. Costumo diversificar as avaliações. Aplico prova individual ou em dupla e para os trabalhos em grupos proponho a auto-avaliação. (Profa. Narla, História, 9º ano, EMAM)

Concluo, pois, que o atual processo de avaliação adotado pelos docentes é coerente com a forma de se pensar a escola, a organização de tempo e espaço, a flexibilidade na enturmação e, principalmente, a construção curricular.

No encontro de capacitação em serviço, foram registrados os seguintes comentários dos professores:

> Eu sou contra a cultura da nota, da reprovação. Não foi fácil para nós romper com essa lógica e até hoje somos punidos pelos pais e pela comuni-

dade pela nossa proposta alternativa. Queremos que o nosso aluno tenha uma outra relação com o conhecimento. (Prof. James, Geografia, 9º ano, EMAM)

Já há algum tempo nós estamos trabalhando muito tentando descobrir e aprender formas de lidar com esse aluno que apresenta necessidades de acompanhamento em muitas dimensões. O estudo de caso que fizemos ajudou a entender a história de vida desse aluno. A avaliação mudou. É processual. A intervenção tem sido uma forma de acompanhar esse aluno. Mas ainda temos muito que avançar. (Profa. Sônia, Ciências, 9º ano, EMAM)

Eu já estou aqui na EMAM há algum tempo e posso dizer que o que sustenta a nossa prática é o trabalho coletivo. É muito bom trabalhar aqui. Na 2ª fase do Ensino Fundamental você vê que o grupo está sintonizado. Quer fazer o melhor. Estamos preocupados com a formação do aluno. Temos discutido muito e procurado mostrar para o aluno que ele tem que estudar para aprender e não para fazer prova ou passar de ano. Aqui na escola quem estuda, estuda pra valer. Em geral, eles também valorizam todas as atividades independente da nota. O desafio é mobilizar os que não querem porque em casa eles não estudam. Fazem porque cobramos. (Profa. Marlene, Educação Artística, 9º ano, EMAM)

O que levaria um professor a se posicionar com firmeza contra o modelo de avaliação classificatório? O trabalho coletivo e as reflexões realizadas pelos professores no coletivo do trabalho sobre a prática de avaliação provocaram amadurecimento, percepção de que o modelo de avaliação classificatório não contribui, de fato, para a real aprendizagem dos alunos e, portanto, buscavam, nos espaços-tempos coletivos, novas formas de desenvolvimento do fazer pedagógico.

Concluindo, os docentes acreditavam numa avaliação com caráter formador, diagnóstico e qualitativo. O processo de avaliação foi subsidiado por instrumentos diversos que foram utilizados cotidianamente com o objetivo de diagnosticar o desempenho dos alunos ante o processo ensino-aprendizagem, abrangendo as várias dimensões de formação (cognitiva, sociocultural, afetivo-emocional e corporal). Mas o que ainda consideravam como principal avanço era a prática coletiva da avaliação. Ela garantia que os princípios e intenções definidos coletivamente fossem respeitados, garantindo também a pluralidade de análises sobre o processo educativo.

## 2.2 Concepções, sentidos e significados da avaliação para os professores

Os diferentes sujeitos que recriam a escola como professores, alunos e pais são sujeitos avaliadores que interpretam e atribuem significados e sentidos à realidade escolar na qual estão inseridos, a partir das diferentes leituras dessa realidade, possibilitadas por suas diversas experiências. Nesse contexto, um conjunto de referências é construído por ações dos sujeitos, os quais se orientarão a partir dessas referências, tomando-as como pontos de partida para as avaliações que desenvolvem.

Desse modo, os professores estão envolvidos numa nova forma de reflexão e avaliação da prática escolar, pensada para criar novas relações pedagógicas concebidas a partir de um olhar ampliado sobre o que é educar. Assim, a concepção de avaliação formativa é abrangente e envolve como um todo "as relações internas à escola, o trabalho docente, a organização do ensino, o processo de aprendizagem do aluno e ainda, as relações externas à escola, em suas interfaces com a sociedade e a cultura" (DALBEN, 2000, p. 79).

Essa relação não é simples e constitui um processo de formação de um novo professor que pensa, cria e se envolve com outra concepção de escola, de cidadania e com outra epistemologia de produção de conhecimento. Assim, alterar os processos de avaliação escolar significa: alterar os pilares pelos quais se pensa a própria escola, a relação da escola com a sociedade; alterar os referenciais considerados pontos de partida para o trabalho pedagógico; alterar os crivos de análise da realidade social e alterar os parâmetros que fundamentam a prática pedagógica (DALBEN, 1998).

Acrescento, ainda, que as observações realizadas no cotidiano escolar dessas escolas levaram-me a concluir que ele estava permeado por conquistas, conflitos e contradições revelando um movimento de ir e vir, entremeado de progressos, e, às vezes, recuos, de assimilação do embate entre concepções novas e antigas no tocante à concepção de avaliação. Isso significa que existe um movimento em defesa de uma avaliação formativa, processual e contínua em confronto com práticas de avaliações tradicionais culturalmente arraigadas.

No caso das escolas pesquisadas, os instrumentos de avaliação foram definidos no coletivo, a partir de estudo e reflexão da equipe sobre o trabalho pedagógico. Ficou evidente o quanto foi importante garantir espaços-tempos para a troca de experiências, discussão, estudo e planejamento. Esses procedimentos tornam os professores parceiros e solidários uns com os outros.

Nas escolas, ao tratar dos desafios da avaliação, os professores reclamaram da falta de estudo dos alunos em casa, da falta de compromisso com as tarefas escolares e, numa delas, a EMLF, foi mencionado o problema da indisciplina. Os docentes atribuíram a esse comportamento dos alunos o fato de não haver mais notas e reprovação. De fato, uma nova relação estava em construção. Neste modelo, a motivação para estudar era aprender a progredir. Assim, a escola contribuía para a formação de alunos mais autônomos e responsáveis ao não adotar instrumentos rígidos de regulação (nota/reprovação), que já provaram não trazer benefícios para os alunos.

Destaco aí um espaço político de conscientização das famílias, dos alunos e dos professores. A escola, por meio de ações diversas, reconhecia esse aluno como sujeito e despertava nele compromissos com o seu processo de aprendizagem. Na opinião dos professores, o fim da reprovação não podia significar não ter regras de convivência, direitos e deveres. Mas, sim, ter direito de prosseguir na escolarização garantindo que a escola fosse espaço de descoberta e aprendizagem.

A construção de novas formas de avaliar o aluno, de promover progresso e de estabelecer com ele corresponsabilidade, sem dúvida, revelou-se como oportunidades reais para o aluno aprender. Essa nova postura requer atuação nas diversas frentes da escola e no coletivo. Essas demandas criaram, muitas vezes, insegurança mas, em contrapartida, foram oportunidade histórica de novas práticas docentes geradas no cotidiano escolar.

Desse modo, o trabalho coletivo revigorou a ação docente e discente, revelou-se como espaços-tempos de formação de sujeitos. O ciclo constituiu um espaço escolar de reunião de turmas e professores, de projetos, de vivência, enfim de construção. Os professores, nos ciclos, constituíram uma relação conjunta com seus pares, planejando e avaliando juntos. O trabalho coletivo significou aposta em saídas conjuntas. A organização do trabalho docente coletivo favoreceu o planejamento, a articulação de ações e avaliação por ciclo e dentro dele.

Mas a avaliação contribuiu para a melhoria do processo ensino-aprendizagem? Primeiramente, vale esclarecer que uma das questões que me levaram a investigar a prática docente foi a necessidade de analisar as concepções de avaliação dos professores. Para melhor conhecer a realidade escolar, uma das formas escolhidas foi conhecer o professor e sua prática, pois sua atuação se expressava no discurso, nas ações e no modo como organizava o trabalho pedagógico.

Nas escolas pesquisadas, os professores estabeleceram os critérios de avaliação, e estes foram discutidos no coletivo do ciclo. Processo esse que exigiu do professor muita clareza em relação à função pedagógica da avaliação no processo de ensino-aprendizagem e estabelecimento de critérios, legitimando-os no coletivo.

Nessa direção, os depoimentos dos professores revelam sentidos e significados da avaliação:

> [...] Penso que a avaliação é importante para o aluno e para o professor porque ela mostra onde estamos. Ajuda a verificar se o aluno aprendeu e se o professor alcançou seus objetivos propostos. (Profa. Vera, Língua Portuguesa, 9º ano, EMAM)

> A avaliação é fundamental. Precisamos retomar o seu sentido formativo. Não significa punir. Mas avaliar para acompanhar e conscientizar o aluno das suas responsabilidades. (Prof. Mateus, Inglês, 9º ano, EMAM)

> Acho que a avaliação serve para acompanhar o aluno no dia a dia. Ajuda o professor a conhecer a turma e saber sobre o desenvolvimento do aluno. Saímos de um modelo fechado. Agora temos liberdade, mas falta parâmetros mais claros. (Profa. Mara, Matemática, Ciências e Filosofia, 9º ano, EMLF)

> Nós adotamos a avaliação processual, abolimos a nota, mas a maioria ainda dá provas de vez em quando. Acho que a avaliação serve para orientar o professor em sua prática sobre o aluno. (Profa. Isaura, Matemática e Filosofia, 9º ano, EMLF)

Assim, a avaliação serve, antes de tudo, para identificar como o aprendiz está se movimentando diante das novas aprendizagens, o que já domina, que objetivos ainda não alcançou e qual o seu nível de aprendizagem. Dessa forma, ela existe para, mediante interação entre avaliador e avaliado, repensar a situação e, em uma avaliação formativa, despertar a consciência crítica e o compromisso com a práxis dialética do projeto de transformação.

A respeito do caráter dialético da avaliação, Wachowicz (2000, p. 122) afirma: "a dialética da avaliação impõe-se não somente pelo *vir a ser* que ela tenta *fotografar* durante o processo de aprendizagem institucional escolar, carregado de contradições, mas também pelo tempo em que se efetiva". Portanto, a avaliação é campo propício para um permanente diálogo entre professor e aluno, gerando cumplicidade na busca de melhores resultados, o que propicia aumento de autoestima e autoconfiança do aluno e intensifica a relação professor-aluno.

E, ainda, a autora, utilizando a metáfora da foto, afirma que avaliar a aprendizagem é como tirar uma fotografia: *esta será e não será* a reprodução da realidade do processo (grifos meus). Caracteriza-se aí o paradoxo da avaliação: ela deve ser realizada pelo professor, não somente pelas exigências do sistema (escolar, social e profissional), mas também, e, principalmente, para permitir ao professor conhecer os dados referentes ao desempenho dos alunos e de seu próprio trabalho. De posse dessas informações, o professor pode acompanhar e aperfeiçoar o processo de aprendizagem (WACHOWICZ, 2000).

Nesse ponto de vista, entender todos os elementos envolvidos no processo de aprendizagem interfere nos resultados, portanto, todos devem ser avaliados. O professor reflexivo questiona a sua ação pedagógica, suas expectativas, procedimentos e recursos utilizados, bem como os processos de avaliação por ele realizados. O professor, como qualquer outro profissional, quando executa suas ações, expressa suas concepções, suas ideias, interesses, reflexões. Revela, também, o significado, a função e a importância da avaliação escolar.

Analisando os depoimentos dos professores a respeito, verifiquei a compreensão de um número significativo de professores referente à avaliação e sua importância no processo de ensino-aprendizagem. Teoricamente, a maioria deles entendia a avaliação como um processo contínuo e processual cuja função era ajudar a interpretação dos conhecimentos, habilidades e atitudes dos alunos no decorrer do trabalho pedagógico.

Nesse sentido, reconheciam ser importante avaliar o aluno de forma integral, abrangendo as áreas afetiva, relacional, psicomotora, cognitiva e atitudinal. Porém, alguns se revelaram mais preparados para esta função, outros priorizavam a dimensão cognitiva em detrimento das demais.

Percebi, também, que a complexidade da avaliação demandava, no caso dessas escolas, trabalho coletivo dos professores de modo que os espaços-tempos fossem utilizados e ganhassem sentidos e significados para a reflexão do trabalho pedagógico, para compartilhar saberes e construir novas possibilidades de leitura da ação docente. Na prática, os professores consideravam esses princípios, mas necessitavam garantir maior articulação e continuidade.

Assim, o movimento de redefinição do processo de avaliação nas escolas estava entrelaçado com a possibilidade de uma prática pedagógica comprometida com a inclusão, com a pluralidade, com o respeito às diferenças, com a construção coletiva. Os professores buscavam atender às necessidades postas pela escola como território múltiplo, marcado pelo cruzamento de culturas e pela multiplicidade de vozes.

Nessa perspectiva, concordo com Esteban, ao afirmar que

> Avaliar é interrogar e interrogar-se. [...] olhando para o que fazem seus alunos, o professor procura compreender o que eles podem chegar a fazer e como deve ser a ação docente no sentido de favorecer esse processo. Apropriar-se dos conhecimentos já produzidos, articula-os à sua observação/ação e, em conjunto com seus companheiros, produz novos conhecimentos. (ESTEBAN, 1999, p. 66)

Focalizando outro ângulo da questão, ao investigar o processo de ensino-aprendizagem, o professor amplia seu olhar sobre a prática pedagógica, vai se tornando cada vez mais capaz de recolher indícios, interpretar seus significados e incorporá-los como eventos importantes para o desenho da sua atuação. Tal atitude refina seus sentidos e adquire múltiplos conhecimentos para adequar sua ação às necessidades de seus alunos. A relação professor-aluno, o trabalho coletivo com seus pares, aliado à ampliação de seus mecanismos de percepção e de leitura da realidade contribuíram para que fossem identificando os sinais de que havia um processo a ser reconstruído.

Os professores, em seus espaços-tempos de reflexão, se perguntaram sobre a avaliação formativa. Assim, reunidos em seus encontros de capacitação em serviço, os professores da EMAM trabalharam em torno das seguintes questões:

> Como romper com a lógica excludente para que os conhecimentos se efetivem na relação ensino-aprendizagem? Como realizar uma intervenção formativa que realmente atinja os alunos que têm níveis diferentes de leitura e escrita? De que maneira a intervenção tem contribuído para uma prática formativa? Estamos conseguindo trabalhar com os alunos na perspectiva de um currículo e avaliação formativa? Como inserir alunos nas turmas, com seus pares de idade promovendo progressos na leitura e escrita? (Seminário da EMAM)

Em outro encontro realizado, os professores da EMAM chegaram a discutir a própria construção curricular. Sobre a avaliação formativa, eles definiram como prioridades:

> Utilizar instrumentos diversos e adequados a suas finalidades; ter caráter diagnóstico que investigue os conhecimentos que o aluno traz e coloca-os em função da aprendizagem; ter caráter de continuidade, que acompanhe as aquisições sucessivas que o aluno vai fazendo; ser formadora, entendendo o processo do desenvolvimento humano em suas dimensões de formação: cognitiva, sociocultural, social, corporal e afetiva. Em seguida, definiram também algumas ações concretas: instrumentos diversificados com o objetivo de trabalhar a oralidade, escrita e raciocínio lógico; uso da autoavaliação, avaliação em grupos, relatórios individuais, caderno de avaliação contínua e diagnóstica da turma, conselho de classe no final de cada etapa, avaliação coletiva envolvendo professor, alunos e pais. (Encontro de Formação em Serviço, EMAM)

Também a EMLF, em seus encontros de ciclo para revisão e elaboração da ficha do aluno, levantou as seguintes questões sobre avaliação:

> Qual o significado da avaliação formativa, processual, descritiva, e diagnóstica? O trabalho que realizamos com o aluno respeita a sua história de vida, seu nível, desenvolvimento e capacidades? Qual o caráter formativo da prática pedagógica que implementamos? Que leitura fazemos da nossa prática de avaliação que são entraves, e muitas vezes, não nos permite avançar? (Encontro de Formação em Serviço, EMLF)

Novo encontro foi organizado pela EMLF para discutir a concepção de avaliação formativa. Dessa vez, as discussões giraram em torno das seguintes questões: 1. Mudanças identificadas na prática; 2. Dificuldades para sua implementação; 3. Facilitadores; 4. Ações apontadas pelos docentes. Como pesquisadora, participei desse encontro. A seguir, transcrevo os dados extraídos das discussões dos professores.

> Os docentes reunidos em grupos discutiram o tema da Avaliação Formativa. Apontaram como mudanças já ocorridas na prática: ampliação do espaço de participação dos pais e alunos nos Conselhos de Classe; a forma de intervenção que a escola já implementou no 1º e 2º ciclo respeita mais os alunos; os registros apontam mais os aspectos positivos dos alunos, sem juízos de valor; houve mudanças das fichas de avaliação para registros individuais mais descritivos; aperfeiçoamento nos registros do desempenho dos alunos; o trabalho com duas etapas possibilitou mais tempo para acompanhar o aluno; a avaliação não é apenas cognitiva, leva em conta todo o processo do aluno. Sobre os dificultadores, os docentes apontaram: falta de espaço físico adequado para diversificação das atividades; atual organização dos professores (número elevado de turmas por agrupamento de professores); resistência de alguns professores em abrir mão da nota; descomprometimento de alguns professores que não registram a trajetória do aluno nem o seu trabalho, prejudicando a proposta da escola e os pares; a má administração do tempo pessoal de projeto disponível; a intersetorialidade ainda não aconteceu; dificuldades para interferir efetivamente junto aos alunos que apresentam dificuldades no processo de construção do conhecimento; fragmentação dos ciclos; a falta frequente de alguns professores prejudica o horário de projeto e inviabiliza a integração em sala de aula e no projeto de intervenção; falta de tempo no coletivo para os registros. Quanto aos facilitadores de uma prática de avaliação formativa, os professores apontaram: a formação em serviço, insatisfação com a prática tradicional anterior; em algumas turmas existe interação de professores, coordenação e pais; a sistematização do PPP; o preenchimento do caderno da turma; o trabalho coletivo; registros e observações diversas das turmas; conselho de classe; disponibilidade do grupo para estudar e refletir sobre a prática, ações positivas, ainda que isoladas contribuem para contagiar o restante do grupo; evolução e abertura do grupo na perspectiva de crescer e aperfeiçoar a sua prática; desejo de mudança. (Encontro de Formação em Serviço, EMLF)

Os professores destacaram também ações que deveriam ter continuidade: relatórios individuais, caderno da turma, reuniões de pais, manutenção de duas etapas. Afirmaram defender uma concepção de avaliação formativa, contínua, processual, diagnóstica e qualitativa e, por isso, a definiram em seu Projeto Político Pedagógico. No final, os professores apontaram algumas ações consideradas prioritárias:

> Redução do número de turmas por agrupamento para melhorar o atendimento dos alunos e facilitar o trabalho coletivo (propuseram três professores para cada duas turmas); registro frequente do desempenho do aluno; formalizar o processo de registro através de: fase diagnóstica e descritiva envolvendo momentos individuais e coletivo; repasse dos registros descritivos para os professores do agrupamento, troca frequente de informações sobre os alunos que demandam maior acompanhamento; (re)significar o horário de projeto pessoal; maior articulação do coordenador pedagógico em sua função de suporte junto aos professores; acompanhamento sistemático dos alunos (casos preocupantes) e elaboração de projeto para obter maior envolvimento da família. (Encontro de Formação em Serviço, EMLF)

Constatei que a avaliação utilizada pelos professores como prática de interrogação se revelou, para eles, como um instrumento importante, ante o compromisso deles com uma escola democrática. Além disso, esses professores, interessados por um processo de avaliação formativo vivenciaram dilemas cuja resposta nem sempre era fácil. Alguns professores ousaram na busca de alternativas, sentindo-se estimulados pelos desafios que os alunos lhes apresentavam no cotidiano escolar. Entenderam que a construção do novo exigia compromissos com esses desafios e reconheceram também que tais desafios instigavam-nos a repensar o processo sinalizando novos pontos de partida.

Assim, a proposta de redimensionamento da avaliação está voltada para uma ação educativa mediada por um processo formativo e contínuo, do qual se espera a participação de todos os agentes envolvidos. Esse processo compreende, pelo menos, três momentos: a avaliação inicial, contínua e a final, rompendo-se com a lógica da avaliação somativa em que o aluno tinha que alcançar certo número de pontos para ser promovido. Nessa perspectiva, a prova deixa de ser o único instrumento de avaliação.

Assim sendo, a proposta da avaliação formativa apresenta um conceito diferenciado de avaliação – a ação de avaliar é entendida como processo educativo. A partir das leituras da realidade, professores e alunos e demais envolvidos tornam-se sujeitos avaliadores que experimentam, interpretam e atribuem significados à prática escolar. Daí o sentido da avaliação – promover o conhecimento da realidade, com o objetivo de garantir a aprendizagem e o desenvolvimento pedagógico dos alunos.

Partindo desses pressupostos, Dalben assinala:

> O ato de avaliar seria, antes de tudo e essencialmente, um ato de auto-análise e de autoconhecimento, tanto do professor quanto do aluno. O professor precisa se conhecer, saber de suas escolhas, reconhecer o seu olhar seletivo e saber da importância de suas decisões na vida dos alunos; decisões relacionadas com os conteúdos e atividades que ele privilegia no trabalho. Perguntam a si próprio quais as ações, dos alunos que mais valoriza e quais são os mecanismos formais de avaliação que privilegia. Da mesma forma, deveria estimular o mesmo processo de auto-análise pelo seu aluno, fazendo-o perceber-se em seu crescimento pedagógico e com um importante sujeito na constituição do ato educativo. (DALBEN, 2002, p. 8)

Essa autora ainda salienta que discutir avaliação significa discutir a aprendizagem, o ensino, o currículo, o projeto pedagógico da escola, o sistema escolar, a formação dos professores e as políticas educacionais. Por esses motivos, ela serve de referência ao currículo, às formas de organização do ensino, aos padrões de competência e comportamento dos alunos e mesmo aos mecanismos formais de avaliação.

Portanto, coerentes com essa concepção, os professores das escolas em estudo, entenderam que a avaliação formativa, enquanto prática educativa, difere do modelo tradicional e, portanto, não tem propósito classificatório. Consideraram difícil concretizá-la na prática mas, à época da pesquisa, estavam se esforçando para implementá-la. Assim, adotaram práticas de acompanhamento do aluno de forma contínua, descritiva e integrada aos processos de progressão dos alunos nas turmas escolares. Além disso, buscavam apoio em análises qualitativas que lhes permitissem compreender o desempenho do aluno. Para isso, aplicaram diversos instrumentos característicos da avaliação formativa.

Tudo isso me leva a concluir que a construção de uma cultura de avaliação entre os professores se encontrava em processo, exigindo ainda tempo e prática para que se aprenda a articular e a desenvolver uma avaliação diferenciada. Reconheço também a presença de muitos elementos significativos e, portanto, característicos de uma avaliação formativa. Nessa perspectiva, defendo o planejamento da avaliação no coletivo, nesse espaço, o professor terá mais indicativos que permitirão a ele interpretar, com apoio dos pares, as práticas de avaliação, tendo em vista a aprendizagem dos alunos.

## 2.3 Procedimentos de avaliação adotados pelos professores

Nas escolas pesquisadas, os professores adotaram as seguintes categorias para avaliar os alunos: a aprendizagem de conceitos, a utilização de procedimentos, o progresso obtido nas aprendizagens instrumentais, a atitude diante do trabalho, os aspectos formais de apresentação dos trabalhos, apreciação geral de cada aluno em relação à sua autoavaliação e sua atitude geral com os colegas na turma e com os professores.

Eis alguns registros sobre avaliação dos alunos da EMLF, realizados pelos professores no final da 1ª etapa.

> A avaliação da 1ª etapa do aluno mostra que ele alcançou com eficiência os objetivos propostos em todas as disciplinas. É considerado um aluno aplicado. Quanto à convivência em sala de aula: ouve e respeita as opiniões do grupo. Consegue se posicionar perante o grupo. Colabora com o funcionamento das atividades. Quanto ao envolvimento no processo pedagógico: realiza as atividades propostas, é frequente, cumpre os horários estabelecidos pela escola. No processo de construção do conhecimento identifica diferentes fontes de informação (livros, filmes, documentos, jornais, revistas, etc.). Utiliza as práticas de observação, descrição e organiza sínteses orais, escritas e desenhadas. (Avaliação de B. R. A, 9º ano, EMLF)

> A avaliação da 1ª etapa da aluna mostra que ela alcançou com eficiência os objetivos propostos em: Artes e Filosofia. A aluna apresentou dificuldades no processo ensino-aprendizagem necessitando de tratamento mais individualizado por parte dos professores em: Português, Matemática, Geografia

e Inglês. Mesmo com a intervenção do professor, a aluna apresentou dificuldades para alcançar os objetivos em Inglês. Os professores reconhecem que a aluna precisa melhorar o seu comportamento nos ambientes escolares. Quanto à convivência em sala de aula: não se responsabiliza pelo cumprimento dos princípios de convivência necessitando de intervenção por parte do professor. Quanto ao processo pedagógico: consegue realizar as atividades propostas com dificuldades, apesar de frequente, não respeita os horários. No processo de construção do conhecimento: identifica diferentes fontes de informação. Estabelece relações entre as informações estudadas. Organiza sínteses orais. (Avaliação de F. J. C, 8º ano, EMLF)

A avaliação da 1ª etapa do aluno mostra que alcançou com eficiência os objetivos propostos em: Artes, Educação Física e Filosofia. O aluno apresentou dificuldades no processo ensino-aprendizagem necessitando de tratamento mais individualizado por parte dos professores em: Matemática, Português, História e Geografia. Se evitar faltar as aulas, o aluno pode melhorar seu desempenho. Quanto à convivência em sala de aula: ouve e respeita as opiniões do grupo. Sobre o seu envolvimento no processo pedagógico: nem sempre realiza as atividades propostas, é infrequente, não cumpre os horários estabelecidos pela escola, não revela iniciativa nos trabalhos em grupo. No processo de construção do conhecimento o aluno identifica diferentes fontes de informação e é capaz de organizar boas sínteses desenhadas. (Avaliação de E. O. S, 7º ano, EMLF)

Vale ressaltar que a interpretação do desempenho dos alunos era realizada mediante diversos registros dos resultados da aprendizagem, tornando-se mais qualitativa e abolindo o sistema de medidas. Portanto, os procedimentos de registros eram mais descritivos, centrados nos aspectos qualitativos da aprendizagem.

Eis alguns exemplos de registros de avaliação realizados pelos professores da EMAM:

A aluna compreende a proposta de trabalho orientada em Língua Portuguesa, com alguma dificuldade. Demonstra certa dificuldade na interpretação e produção de textos orais, escritos, narrativos, descritivos e dissertativos em se tratando de coerência e coesão. Está aprendendo a utilizar a língua materna no que se refere aos sinais de pontuação e ortografia. Com alguma dificuldade, diferencia linguagem conotativa de denotativa, identifica, reconhece e compreende o uso das figuras de linguagem. Relaciona ritmo, verso e organização de um poema, reconhece o verso, a estrofe, soneto e rima. Posiciona-se frente à importância da literatura de cordel. Atingiu os objetivos propostos nesta etapa, parcialmente. (Avaliação de desempenho de P. M. S, 9º ano, Língua Portuguesa)

A avaliação do aluno atesta que ele apresenta dificuldades em identificar algumas características da Primeira República Brasileira. Compreende a influência dos grandes latifundiários no Estado republicano, no final do século XIX e início do século XX. O aluno identifica com dificuldade o revezamento de mineiros e paulistas nos primeiros anos da República (1889-1930) e suas causas. Apresenta dificuldades para relacionar as condições sociais da maior parte dos brasileiros, com os diversos movimentos sociais (Revolta da Vacina, Revolta da Chibata, O Contestado) que eclodiram nesse período. Tem condições de se empenhar mais e estabelecer relações comparativas entre a República Velha e a atual. O aluno encontra-se em processo de aquisição de conhecimentos históricos proposto para esse período. Pelo seu perfil em sala de aula pode ter melhores resultados. Quanto ao relacionamento é um bom aluno. (Avaliação de desempenho de R. O. A., 9º ano, História)

Nessa 1ª etapa a proposta da disciplina era: apresentação dos materiais utilizados nas Artes Plásticas: tipos de lápis, borracha, giz de cera, giz pastel, tinta guache, tinta acrílica, aquarela, tipos de papéis entre outros materiais plásticos e pictóricos. A disciplina tinha como proposta: uso adequado do espaço pictórico; coordenação motora; identificação de elementos visuais e plásticos (bidimensionais); forma, ritmos, cor, espaço, textura; sensibilização e observação dos elementos que nos cercam; explicação científica do fenômeno das cores; usos de técnicas, como: pontilhismo, uso das linhas nas artes, mosaico, composição com formas geométricas, releitura da xilogravura (gravura em madeira), pintura com giz de cera, lápis de cor e giz pastel; História da arte Cristã Primitiva. Todos os trabalhos têm como objetivo desenvolver a criatividade e a expressão de cada aluno a partir de sua cultura, da evolução e importância das artes na história cotidiana do homem. A aluna envolveu nas atividades propostas de forma intensa. Além de interesse demonstrado, mostrou ter sensibilidade bastante desenvolvida para o universo das Artes Plásticas. Usa com equilíbrio dos elementos visuais e plásticos como cor, ritmo, textura, espaço, forma. Com desenvoltura consegue apropriar-se deste conhecimento para criar e expressar as suas ideias. Tem uma boa relação com seu grupo de trabalho, sendo solidária com o dia a dia em sala de aula. (Avaliação de desempenho de M. O. C. G., 7º ano, Educação Artística)

A constatação de que os professores optaram por esse novo modelo de avaliação evidencia alterações significativas no processo de avaliação. Mas nem todos os pais as aceitaram tranquilamente. Em seus relatos, os professores mencionaram a dificuldade de alguns pais compreenderem a linguagem dos registros e as informações sobre a trajetória dos alunos. Tal situação demonstra que os professores deveriam se empenhar dialogando com os pais, em especial, os pais analfabetos e semianalfabetos, estabelecendo contatos mais frequentes com as famílias, a fim de criar relação de parceria no desenvolvimento do projeto pedagógico da escola.

É importante destacar que os docentes elaboraram esses registros, cuja função foi a de reorientar o trabalho pedagógico e, assim, justificavam o seu preenchimento. Nesses registros, documentavam a vida do aluno na escola, trocavam informações entre eles com o objetivo de aprimorar a prática pedagógica em sala de aula, delimitavam, com precisão, os progressos dos alunos, desafios, necessidades e procedimentos de intervenção. A avaliação de desempenho do aluno contemplava, de modo geral: análise da participação do aluno nas interações do grupo; análise do desempenho do aluno no trabalho pedagógico; análise dos procedimentos adotados pelo aluno nas atividades de estudo; e análise do modo de o aluno agir e se relacionar com as áreas de conhecimento (Português, Matemática, Ciências, Geografia, História, Educação Artística, Educação Física, Inglês e Filosofia).

Afinal, com o empenho dos professores, mudanças nesse sentido ocorreram gradativamente. Alguns professores avançaram mais rapidamente no processo. Outros revelaram insegurança e até mesmo resistência. Permaneceu, portanto, o desafio – provocar, no aluno, uma nova forma de se relacionar com o trabalho escolar, dentro e fora da sala de aula, adquirindo novos conhecimentos de forma contínua e novo sentido para a aprendizagem, já que haviam desaparecido os indicativos de controle na relação pedagógica expressos pela nota e pela reprovação.

Em resumo, a prática desses procedimentos de avaliação proporcionou aos professores aprimoramento do processo de avaliação. Os procedimentos mais significativos, em ambas as escolas, serão discutidos nos próximos tópicos.

## 2.3.1 A autoavaliação dos alunos

A EMLF também utilizou a autoavaliação. Os procedimentos usados para sensibilizar os alunos para essa atividade foram diferenciados. Cada professor ressaltou o que considerava importante que os alunos avaliassem. De modo geral, os alunos receberam uma ficha onde se autoavaliaram a partir de critérios estabelecidos, de acordo com as habilidades básicas do ciclo. Essa ficha de avaliação foi elaborada por um grupo de professores e avaliada coletivamente.

Na primeira parte da ficha, havia tópicos relacionados com o comportamento do aluno nas dependências da escola e também ao cumprimento de seus deveres. Havia espaço, no final da ficha, para o aluno apresentar observações sobre si mesmo ou sobre a escola.

A segunda parte era preenchida pelo professor-referência[7] e continha dados com relação aos objetivos propostos pelas disciplinas, como: alcançou com eficiência os objetivos propostos; apresentou dificuldades no processo, necessitando de tratamento mais individualizado por parte dos professores; apresentou dificuldades para alcançar os objetivos, mesmo com a intervenção dos professores. E, no final, espaço para anotações ou observações dos professores. É importante ressaltar que o professor-referência, responsável pelo preenchimento da ficha, realizou tal procedimento dialogando com os pares e consultando as anotações do Caderno de Turma. No conselho de classe da 1ª etapa, alguns professores realizaram atividades para mobilizar a participação do aluno em sua autoavaliação.

Já na EMAM, a autoavaliação dos alunos foi valorizada pelos docentes e garantida. Eles concordavam que esse procedimento colaborava para o acompanhamento do processo de avaliação formativo.

Uma professora lembrou:

> É muito importante a autoavaliação que os alunos fazem [...] No grupo a gente avalia como ele está procedendo, o que ele já deu conta e alguns alunos conseguem perceber a evolução que tiveram. Conversam no grupo,

[7] Professor-referência era a denominação dada ao professor responsável pela turma. Esse professor permanecia mais tempo na turma e, portanto, atuava como interlocutor e mediador sempre que necessário.

> entre eles e são capazes de fazer intervenções importantes. Se o aluno não é verdadeiro, o grupo ajuda, cobra. "Mas você está falando que participou e faz isso, mas em tal hora você" [...] é importante porque promove entre eles reflexões sobre o seu aproveitamento. (Profa. Sônia, Ciências, 9º ciclo, EMAM)

A prática da autoavaliação era decidida no coletivo de professores, porém cada professor tinha autonomia para desenvolver o seu processo, experimentar atividades, criar novas práticas. Algumas autoavaliações escritas de alunos da EMAM exemplificam esse processo:

> Eu relaciono bem com os meus colegas. Gosto da minha escola e dos professores. Nesta etapa não faltei de aula e nem deixei de fazer os meus deveres escolares. Participei de todos as atividades que os professores passaram. Gostaria que voltasse o Projeto Livre Escolha. (Autoavaliação aluno P. A. S, 7º ano, EMAM)

> Faltei de aula porque estava doente. Deixei de fazer alguns deveres mas sou bom aluno e respeito meus professores. Gosto quando os professores passam filmes ou levam a gente para excursões. Eu ganhei o prêmio da CDL no concurso pela paz e minha escola também foi presenteada. (Autoavaliação aluno M. J. B, 8º ano, EMAM)

> Sou bem relacionada na sala e com meus professores. Sou frequente. Gosto das aulas de Geografia, Matemática e Educação Artística. Não gosto de Inglês. E no projeto de Ciências poderia ter colaborado mais com o meu grupo. Sou monitora no Projeto Intervenção. (Autoavaliação aluna R. T. P, 9º ano, EMAM)

E, agora, exemplos de autoavaliação dos alunos da EMLF:

> Estou trabalhando para ajudar minha família, apesar de chegar cansado na sala de aula eu faço todos os exercícios. Gosto dos meus colegas e professores. Estou com dificuldades em Matemática. Tenho que estudar mais. (Autoavaliação aluno W. S. A, 9º ano, EMLF)

> Nessa etapa, algumas vezes eu demorei a chegar na sala após o recreio. Respeitei os funcionários quando eles me pediram alguma coisa. Fui organizada com meu material escolar. Participei das aulas quando meus professores solicitaram. (Autoavaliação aluna J. S. A, 1º ano, 3º ciclo, EMLF)

Esqueci algumas vezes o meu material escolar em casa. Tive interesse pelas aulas mas não fiz todos os deveres de casa. Obedeci meus professores. Fui amigo dos meus colegas de classe. Evitei brigas e empurrões no recreio. (Autoavaliação aluno D. M. A, 8º ano, EMLF)

Abrecht (1994), estudioso da avaliação formativa, chama a atenção para que ela seja vista não como verificação de conhecimentos, mas como o interrogar-se sobre o processo. Deve ser vista como um refazer do caminho percorrido, sendo útil, principalmente, para o aluno se autoavaliar, considerar sua trajetória. Deve ser vista como um estado de conhecimento, que dá sentido à sua aprendizagem e o alerta, ao mesmo tempo, para eventuais necessidades no percurso, ajudando-o, desse modo, a buscar e a solicitar meios para vencer os desafios.

Sobre a importância da autoavaliação, Villas Boas também ressalta:

Portanto, a auto-avaliação é componente essencial da avaliação formativa. Para que esta seja produtiva, os alunos precisam ser preparados para se avaliarem, compreendendo, assim, os principais propósitos da aprendizagem e percebendo o que fazer para adquiri-la. (VILLAS BOAS, 2002, p. 194)

E, ainda, mais adiante:

A auto-avaliação que se quer combinada à avaliação formativa articula-se ao trabalho pedagógico desenvolvido em parceria professor/aluno. Portanto, é usada continuamente pelo aluno e pelo professor e seus resultados destinam-se à melhoria da aprendizagem do aluno e do desenvolvimento do trabalho. (VILLAS BOAS, 2002, p. 194)

Entendo que os objetivos da avaliação formativa são, de fato, a conscientização, por parte do aluno, da dinâmica do processo de aprendizagem. Nesse sentido, ele deverá ser capaz de explicitar, cada vez mais, a sua trajetória e interiorizar os critérios que lhe permitam identificar, por si próprio, ou com a ajuda do professor, os aspectos positivos e os limites do seu percurso. Isso, evidentemente, por meio de um processo constituído de autonomia e participação.

Também os docentes da EMAM, no final da etapa, realizaram a sua autoavaliação. Esta prática é de extrema importância e coerente com a opção da escola, dada a ênfase ao trabalho coletivo. A ficha de autoavaliação propunha aos docentes que refletissem sobre sua participação individual no ciclo/turno considerando os seguintes aspectos: frequência; envolvimento com o trabalho da escola; relacionamento com as diversas instâncias. E, no final da ficha, havia espaço para que os docentes apresentassem propostas de aprimoramento do trabalho no ciclo. E, como já foi salientado, isso valorizava o professor e concorria para definição conjunta do projeto pedagógico da escola.

Mas, reportando-me à questão da avaliação propriamente dita – aliás questões sempre há –, ao analisar as práticas de avaliação dos professores, suscitaram-se, novamente, algumas questões importantes: a avaliação tem sido utilizada como um processo de sustentação da aprendizagem? Tem sido utilizada para obter informações sobre o que foi conseguido no processo ensino-aprendizagem? O seu caráter diagnóstico, que leva a detectar os ganhos e o que precisa ser trabalhado, tem sido explorado? A sua função formativa, que dá pistas sobre como aperfeiçoar cada vez mais o processo, tem sido utilizada?

Diversos autores, em seus estudos, têm auxiliado a análise dessas questões. Demo (1995), por exemplo, propõe que a avaliação seja um processo permanente de sustentação da aprendizagem do aluno. Lüdke (1994), ao propor um olhar positivo sobre a avaliação, sugere que os professores a utilizem como um instrumento para conhecer melhor o aluno e seu processo de aprendizagem. Darsie (1996), sugere a adoção do diário reflexivo como instrumento de avaliação e de investigação didática. E finalmente, Perrenoud (1993), defende a avaliação formativa como uma fonte importante de informações para atender às diferenças culturais, sociais, psicológicas dos alunos, na luta contra as desigualdades e o fracasso escolar.

Os depoimentos dos professores revelaram que a revisão das práticas de avaliação não é uma tarefa simples, mas, sim, complexa, que exige mudanças profundas nas relações escolares, no projeto pedagógico da escola e nas interações em sala de aula. Assim, diante dos desafios da prática, o professor cria procedimentos para aprender a olhar essas múltiplas situações e avaliar as suas condições e possibilidades. Com isso, aprende a se movimentar criticamente no espaço da sala de aula. E, então, passa a utilizar esses saberes práticos para organizar situações de aprendizagem que permitam a cada aluno apropriar-se da cultura elaborada.

Reconheço que o movimento de renovação introduzido nos últimos anos nas escolas foi marcado por tentativas de alteração das práticas de avaliação. Posso afirmar que, globalmente, houve um processo de evolução. Nesse sentido, depoimentos de professores pesquisados revelaram: a diminuição e mesmo eliminação do caráter punitivo da avaliação; redução dos procedimentos mais formais como a prova e utilização de outros procedimentos que possibilitam maior participação dos alunos; substituição dos registros dos resultados expressos pela nota por registros interpretativos do desempenho do aluno.

Os depoimentos dos professores da EMAM a seguir chamam a atenção para esses aspectos:

> A escola está procurando olhar esses adolescentes como sujeito em formação. Quando surgem os problemas procuramos dialogar com eles. Trabalhamos valores e atitudes. Não utilizamos notas, mas conceitos. Os alunos fazem as tarefas, elas são corrigidas no coletivo ou individualmente. Aí ele tem uma visão do seu desempenho. Quando precisa a gente chama o aluno e pontua o que não vai bem. (Prof. Gildo, Matemática, 9º ano, EMAM)

> Desde a sua criação veio para esta escola os professores que acreditavam num trabalho diferenciado. O foco nosso é o desempenho do aluno. Queremos que o aluno estude para aprender. A gente as vezes se vê pressionados pela comunidade que cobra o modelo tradicional, mas temos nosso projeto de trabalho coletivo. Nosso aluno é acompanhado. Pode ver que aqui tem um clima de trabalho no 3º ciclo. Usamos diversos instrumentos para avaliar. A prova é aplicada periodicamente de acordo com o critério de cada professor. (Profa. Marlene, Educação Artística, 9ºano, EMAM)

> De modo geral, os alunos gostam da escola, a relação professor aluno é pautada pela amizade, respeito. O desafio é a gente mobilizar aqueles alunos que as vezes faltam muito ou que não estão produzindo de acordo com a sua capacidade. Estamos tentando todas as formas possíveis. (Profa. Leda, Coordenação Pedagógica, EMAM)

Também os professores da EMLF apontaram aspectos importantes a esse respeito:

> [...] O 7º ano exige muito da gente. Principalmente com relação a bons hábitos, atitudes, disciplina. Então, quando entramos na sala de aula já sa-

bemos: não somos meros professores porque queremos muito mais do que passar conteúdos. São muitos os desafios. Temos também alunos excelentes, gostam da escola, cumprem com prazer as tarefas escolares. Outros [...] além da indisciplina, faltam muito. Como não tem reprovação ficam de corpo mole. A família é chamada e não aparece. Nós estamos conversando muito sobre essa realidade. Não desistimos não. Tentamos fazer um trabalho. Não adianta punição. Eu acho que o caminho é a conscientização porque esses adolescentes enfrentam uma barra. Estamos tentando ser mais criativos, trazendo atividades diferentes. Aí eles gostam. (Profa. Edna, Geografia, 7º ano, EMLF)

Olha, nós levantamos com os alunos alguns temas de interesse para a Semana da Cultura. Eles apontaram: sexualidade, violência e o problema das drogas. A turma está querendo apresentar um teatro. Sempre que tem oportunidade retratam a realidade violenta da região. Aí é que eu digo que essas atividades são muito ricas, dá trabalho organizar. Mas, por esse processo a gente fica sabendo das coisas que eles vivenciam aqui na região. Também dá para avaliar o desempenho do aluno de diversas formas. No final, fazendo uma retrospectiva você vê que eles realizaram diversas atividades, foram avaliados por diversos modos no dia a dia da sala de aula. Prova mesmo, nós damos como exercício. (Profa. Marta, Português, Educação Artística e Filosofia, 8º ano, EMLF)

Aqui no 9º ano, nós dialogamos muito com os alunos. Às vezes alguns chegam meio tristonhos. Quando a gente vai ver o que está acontecendo, eles estão cansados, são alunos trabalhadores ou as vezes são outros problemas que a gente tem que ouvir e orientar. Com jeito, acabam realizando as tarefas escolares. Não tem nota não. Avaliamos o dia a dia, através de todas as atividades que eles fazem. De vez em quando damos uma prova. Também não temos problemas com indisciplina. Eles já são rapazes e moças e nos respeitam muito. (Profa. Sofia, Matemática, Ciências e Educação Artística, 9º ano, EMLF)

Prosseguindo a análise, as mudanças introduzidas na prática da avaliação foram positivas e importantes. Contudo é importante lembrar que a questão central a ser alterada se refere ao estabelecimento de uma nova forma de o aluno se relacionar com os estudos. Espera-se que essa nova forma propicie a ele a aquisição dos conhecimentos dentro e fora da escola.

Também reconheço que o enfrentamento dessas questões exige reorganização da prática pedagógica. Apesar dos inúmeros desafios, pude presenciar diversas iniciativas entre os professores. À época da pesquisa que originou este livro, o grupo de professores se organizou com o intuito de criar procedimentos para envolver os alunos, de forma responsável e significativa, em seus estudos. São exemplos disso: criação de procedimentos de intervenção didática; espaço-tempo para o trabalho coletivo quando então pensavam ações pedagógicas para promover aprendizagem dos alunos, de modo a manter presentes os objetivos de ensino previstos para a 2ª fase do Ensino Fundamental.

Nesse contexto, a didática apresenta-se ou como uma disciplina de ação crítica e de proposta, ou como a ciência dos fatos didáticos, da formalização, da transposição, da negociação, da apropriação ou da avaliação dos saberes no sistema didático (triângulo professor, aluno e conteúdo), ou, ainda, a ciência do contrato e das interações didáticas (CHEVALLARD, 1991). No dizer de Wachowicz (2002), trata-se de uma abordagem descritiva e não prescritiva.

Em conclusão, considero que, para responderem de forma efetiva a esses problemas, os professores pautaram suas ações na lógica da avaliação formativa, em especial, no que se refere às intenções pedagógicas. As teorias sobre avaliação postulam que a construção de um novo sentido para a atividade de estudo, mediada pela relação pedagógica, pode ocorrer quando o professor é capaz de promover ações que envolvam o aluno em seu processo de aprendizagem.

### 2.3.2 Construção coletiva dos instrumentos de avaliação

No que diz respeito às formas e instrumentos de avaliação adotados pela EMLF, acompanhei, por meio da observação participante, reuniões de professores, atividades em sala de aula e conselhos de classe. Além disso, examinei fichas e instrumentos construídos pela escola. As atividades relativas ao processo de avaliação culminaram com a socialização dos resultados obtidos no final da primeira etapa do ano em curso, nas reuniões de conselhos de classe.[8]

[8] Participaram dos Conselhos de Classe: alunos, pais e/ou responsáveis pelos alunos, professores da turma, coordenadores de ciclo e direção. Nesse espaço coletivo, os professores apresentaram aos pais e alunos os registros realizados durante a etapa.

Com relação à ficha de registro da avaliação, verifiquei que os docentes, após estudos e reflexões, redigiram a atual ficha. Essa ficha de avaliação continha ainda a descrição dos objetivos pretendidos para o 3º ciclo e foi definida pelos professores em encontro de áreas.

Em seu projeto pedagógico, os docentes definiram que a avaliação deveria ser contínua e descritiva, com registro em duas etapas: uma no primeiro semestre e outra no segundo. E mais: o professor deveria usar regularmente o Caderno de Turma para registro do desempenho do aluno; registro sucinto sobre cada aluno a cargo do professor-referência. Além disso, deveria preencher a ficha de avaliação oficial no final do ciclo e incluir o tema *avaliação* nos encontros de capacitação contínua.

O modelo de ficha de avaliação utilizado pela EMLF destaca, como elementos a serem avaliados, a autoavaliação escrita. Nesse momento, o aluno avalia suas atitudes considerando: o comportamento nas dependências da escola; o cumprimento dos deveres escolares; os objetivos propostos para cada disciplina e ainda há um espaço em branco (para livre manifestação do aluno). A ficha de avaliação do aluno contempla os seguintes itens: convivência em sala de aula; envolvimento no processo pedagógico; e postura no processo de construção de conhecimento.

Já na EMAM, o trabalho coletivo apresentou-se como um caminho que facilitava a construção de práticas de avaliação. Participaram desse trabalho não só o coletivo de professores, mas também os demais segmentos que interagiram com toda a comunidade escolar. Era uma prática que buscava se consolidar no cotidiano da escola. Nessa escola, a ficha de avaliação dos alunos contemplava os seguintes itens: socialização do aluno e suas interações no grupo, no trabalho pedagógico e nas áreas de conhecimento; organização da vida escolar e trabalho pedagógico. A partir desses critérios, os professores avaliavam o aluno no sentido de identificar se ele alcançara todos os objetivos; alcançara parcialmente, ou não alcançara os objetivos propostos.

Assim, os professores investiram no trabalho coletivo porque consideravam essencial assegurar tempos para a construção de práticas de avaliação. Esses tempos escolares eram, portanto, construídos pela presença e ação significativa dos sujeitos que constituíam a instituição escolar.

No que diz respeito às formas e instrumentos de avaliação adotados pela EMAM, tal como na EMLF, tomei conhecimento deles na condição de observadora participante, acompanhando reuniões de professores, atividades didáticas nas salas de aula e conselhos de classe. Também examinei fichas e instrumentos construídos pela escola, relativos às atividades propostas no processo de avaliação que culminaram com a socialização dos resultados obtidos nas reuniões de conselho de classe.

Como proposta, Amaral (2002b, p. 6) destaca o "caráter integrante da avaliação em toda a proposta, vinculado diretamente ao processo ensino-aprendizagem e a adoção diferenciada de instrumentos". Para concretizar a dimensão contínua da avaliação, faz-se necessário lançar mão de novos procedimentos e instrumentos de avaliação: observação (acompanhada de cuidadoso registro em fichas especialmente construídas); entrevistas e conversas informais; testes, provas e trabalhos (individuais e em grupo), portfólios; autoavaliação.

Com relação às fichas de registros de avaliações, elas foram reconstruídas pelos professores. Uma das fichas elaboradas pelo grupo de professores da escola traz o perfil da turma, dando informações referentes ao desempenho da turma como um todo, as características básicas e a autoavaliação dos alunos. Apresenta, também, uma relação dos objetivos dos professores. Além desses objetivos gerais, inclui também os objetivos do professor com relação a determinada turma em determinada etapa, a relação dos conteúdos trabalhados nos projetos, os demais conteúdos desenvolvidos e aspectos sobre a socialização do aluno.

Nesse contexto, parece-me importante apresentar outros modelos de avaliações de alunos realizados pelos professores na EMLF:

> A avaliação da 1ª etapa da aluna mostra que alcançou com eficiência os objetivos propostos em: Educação Física. A aluna apresentou grandes dificuldades no processo ensino aprendizagem necessitando de tratamento mais individualizado por parte dos professores em: Português, Inglês, Matemática, Ciências, Geografia, História. Apesar disso, tem demonstrado esforço. Quanto à convivência em sala de aula: ouve e respeita as opiniões dos colegas e professores. Quanto ao envolvimento no processo pedagógico: consegue realizar as atividades propostas com dificuldades, é frequente, cumpre os horários estabelecidos pela escola, nem sempre entrega as tarefas no tempo estipulado. Estabelece relações entre as informações estudadas. Utiliza a prática de observação e descrição. É capaz de organizar sínteses orais. (Avaliação de H. P. R, 7º ano, EMLF)

A avaliação da 1ª etapa do aluno mostra que alcançou com eficiência os objetivos propostos em: Português, Inglês, Matemática, Ciências, Geografia, História, Arte, Filosofia e Educação Física. O aluno não apresentou dificuldades no processo ensino aprendizagem. Com relação à convivência com o grupo, o aluno respeita as opiniões, sabe ouvir e participa produtivamente nas atividades e ainda contribui para o crescimento da turma. Quanto à convivência em sala de aula: ouve e respeita as opiniões dos colegas e professores. Consegue se posicionar perante o grupo, colabora com o crescimento e funcionamento do trabalho. Quanto ao envolvimento no processo pedagógico: realiza as atividades propostas, é frequente, cumpre os horários estabelecidos pela escola, entrega as tarefas no tempo estipulado, organiza e realiza trabalhos individuais com iniciativa e organização. Quanto ao processo de construção do conhecimento: formula questões sobre o objeto do conhecimento a ser investigado, identifica diferentes fontes de informações (livros, filmes, documentos, jornais, revistas, enciclopédias, etc.); utiliza as práticas de: observação, descrição, análise e síntese; constrói novos sentidos, significados e referências a partir das informações trabalhadas. Estabelece relações entre as informações estudadas. É capaz de organizar sínteses orais, escritas e desenhadas. (Avaliação de M. S. N, 8º ano, EMLF)

Coerentes com essa proposta, também os professores adotaram o Caderno de Turma, que abrangia essa perspectiva. Esse caderno era considerado um instrumento capaz de auxiliar o professor no processo de avaliação e de registro do desempenho do aluno. Assim, ele poderia acompanhar a evolução do aluno, identificando progressos, desafios, entre outros. Além disso, explicitava o papel da avaliação como impulsionadora da aprendizagem.

Eis outras avaliações de alunos descritas pelos professores da EMAM:

Nesse semestre foram trabalhados os projetos: Os oceanos; Ilhas e Continentes; Linhas Imaginárias e Zonas Térmicas de Temperatura; Questões da atualidade; A origem do Estado; A Dinâmica das Placas Tectônicas; Os indicadores socioeconômicos e culturais; as massas continentais, Velho, Novo, Novíssimo Mundos e Antártica. Diante dos projetos trabalhados, a aluna conseguiu alcançar os objetivos propostos de acordo com as dinâmicas e trabalhos desenvolvidos nesse semestre. Apresentando uma participação oral em discussões e debates, como também nas atividades de registros e produções, muito fraca, não foi pontual em suas atividades concluindo-as insatisfatoriamente dentro do tempo previsto. Não consegue ler e nem in-

> terpretar mapas e legendas, não domina os conceitos básicos trabalhados em Geografia, e não conseguiu estabelecer relação com a realidade espacial. Quanto ao relacionamento com os colegas e professores, a aluna apresenta uma boa convivência social. (Avaliação de desempenho de F. R. M., 8º ano, Geografia, EMAM)

> Nessa etapa foram trabalhados: medicamento genérico e similar; efeito estufa e camada de ozônio; origem dos seres vivos; diferença e semelhança entre os seres vivos; classificação dos seres vivos. O aluno não se envolveu com os temas por isso obteve pequeno aproveitamento. Tem condições de desenvolver mais na próxima etapa. (Avaliação de desempenho de H. B. O, 7º ano, Ciências, EMAM)

> A aluna compreende o modo de vida da Europa Ocidental entre os séculos V e XV. Identifica esse período histórico com as propriedades que buscavam sua autossuficiência. A aluna é capaz de compreender a causa da concentração das famílias no campo na maior parte desse período conhecido como Idade Média. É capaz de reconhecer e identificar as funções dos principais atores sociais (senhores feudais, clero, cavaleiro e camponeses) daquele período histórico. A aluna consegue comparar a Idade Média com a nossa época, estabelecendo as semelhanças e diferenças. Portanto, a aluna atingiu os objetivos propostos para esse período letivo. É aplicada, tem excelente relacionamento com os colegas e professores. (Avaliação de desempenho de M. O. G, 7º ano, História, EMAM)

> A aluna compreende a proposta de trabalho orientada em Língua Portuguesa. Interpreta, lê e produz textos narrativos e descritivos de gêneros variados com coerência e coesão. Quanto à linguagem oral expressa suas ideias, sentimentos e seu ponto de vista. Na produção de texto melhorou o uso das normas ortográficas. Analisa e identifica os atos de comunicação, traduz e diferencia mensagens de códigos verbal e não verbal. Identifica emissor, receptor, código e mensagem e as características de jogral. Atingiu os objetivos propostos para esta etapa. Tem ótimo relacionamento com os colegas e professores, além de muito interesse pelo estudo. (Avaliação de desempenho de S. O. C, 7º ano, Língua Portuguesa, EMAM)

Assim sendo, ao longo da pesquisa, utilizei esses documentos: o Caderno da Turma e a Ficha Individual. São documentos que contêm dados importantes a respeito da trajetória escolar dos alunos. São desencadeadores de aprendizagens tanto para os alunos como para o professor. Por meio deles, o aluno toma consciência da própria aprendizagem, reconhece suas dificuldades com a ajuda do professor e pode procurar caminhos para superá-las. Já o professor obtém informações sobre o processo de aprendizagem de seus alunos tornando a avaliação um instrumento de aprendizagem. E, como instrumento de investigação didática, traz informações que o auxiliam na reflexão sobre o ensino e, se necessário, ele poderá reorganizá-lo.

A propósito, pude presenciar a construção de alguns desses documentos nas reuniões pedagógicas. Observei que, na prática, os professores se esforçavam no sentido de construírem os instrumentos de avaliação coletivamente, de acordo com os objetivos das escolas e coerentes com a prática que ali se realizava.

Assim, os tempos coletivos dos professores nas duas escolas organizaram-se da seguinte forma: reuniões interciclos que ocorriam uma vez por semana, cujo objetivo era promover o encontro de professores dos três ciclos, em cada turno, para socialização dos projetos em andamento na escola; reuniões por ciclo que se realizavam uma vez por semana, para planejamento das atividades; socialização das experiências que os professores desenvolveram com as turmas e reuniões gerais que se realizavam semanalmente, durante duas horas, de caráter pedagógico-administrativo; reunião da direção com as coordenações pedagógicas de ciclo e de turno para avaliar o andamento das atividades desenvolvidas pela escola. Portanto, esses diferentes tempos coletivos, criados e mantidos pela escola, constituíram um processo permanente de formação em serviço dos professores.

## 2.4 Tempos coletivos dos docentes e instâncias para a avaliação

Nas duas escolas, participavam das reuniões pedagógicas o grupo de professores do 3º ciclo e a coordenação. Eram periodicamente precedidas por uma reunião geral pedagógico-administrativa de ciclos e de turnos, quando eram tratados assuntos que diziam respeito às questões gerais da escola. A reunião pedagógica por ciclo é um tempo-espaço importante para os docentes tendo em vista que era nesse momento, de modo especial, que eles planejavam, avaliavam e aprovavam encaminhamentos para o trabalho pedagógico.

Relatos dos professores atestaram o esforço das equipes para maior aproveitamento do tempo coletivo. Presenciei, em algumas reuniões, planejamento antecipado, preparação de pautas e bom aproveitamento do tempo pelos professores. Veja-se o que os professores da EMLF disseram sobre o tempo coletivo:

> Gente, essa reunião vai ou não vai começar, assim não dá, estou perdendo tempo, tenho que organizar tanta coisa. Vamos começar logo. O que está acontecendo? (Profa. Isaura, Matemática e Filosofia, 7º ano, EMLF)

> Esse tempo é nosso, mas tem que ser bem aproveitado. A gente não reclamava quando tinha que vir fora do horário. Então? Agora, temos o tempo. Verdade é que às vezes falta tempo para tudo que a gente precisa fazer. Mas não acho certo usá-lo para outras coisas. (Profa. Marta, Português, Educação Artística e Filosofia, 8º ano, EMLF)

Cientes desse problema, os docentes da EMLF estabeleceram algumas normas. Entre elas: melhor sistematização do tempo coletivo semanal; articulação dos tempos de projeto individual para torná-los coletivos dentro dos turnos; viabilização de trocas de experiência entre os professores; realização de bancos de atividades coletivos e melhor preparação das reuniões, garantindo a definição de pautas, objetivos, registro e sua avaliação.

Também na EMAM os professores do mesmo ciclo reuniam-se com o coordenador pedagógico para planejamento, avaliação nos horários de projetos. As reuniões de ciclo eram também espaço de estudo. Nesses espaços, os professores se preparavam para a discussão com o coletivo da escola.

Segundo os professores, esse tempo era muito importante para eles:

> Esse tempo coletivo é muito importante. A nossa escola está conseguindo avançar porque a gente valoriza as contribuições dos colegas e dividimos as responsabilidades, conquistas, angústias e desejos. (Profa. Vera, Língua Portuguesa, 9º ano, EMAM)

> Olha, a existência desse tempo é um ganho muito grande. Podemos estar juntos e decidimos o nosso projeto de trabalho. Nós sempre temos questões para discutir, problemas para resolver, sugestões de material para trocar, questões para decidir na escola. (Profa. Narla, História, 8º ano, EMAM)

Com efeito, na prática, os professores se esforçavam no sentido de construir os instrumentos pedagógicos, coletivamente, de acordo com os objetivos da escola e coerentes com a prática que ali se realizava. Para tanto, valorizavam e aproveitavam esse tempo coletivo.

Ainda acerca dos tempos coletivos dos professores, merecem destaque as pesquisas de Teixeira (1998, 2000) e Soares (2000). Teixeira destaca as características dos tempos coletivos docentes quando afirma que esses tempos "permitem a emergência do novo, que se abrem para a experiências inéditas." A autora ainda destaca que "neles, o grupo poderá não somente interagir e (re)significar seus percursos, como também imaginar projetos e práticas inovadoras para a escola" (TEIXEIRA, 1998, p. 305).

Soares (2000) pesquisou a questão do tempo escolar e vinculou a existência desse tempo à construção de um trabalho pedagógico diferenciado e de uma nova perspectiva de trabalho docente.

Assim, de acordo com a autora:

> Trabalho docente coletivo e tempo são duas categorias que se encontram intrinsecamente associadas. Estabelecer momentos para encontros de professores é uma tarefa que supõe a existência de uma estrutura temporal de natureza diversa daquela que normalmente se encontra na organização escolar instituída. Realizar trabalhos coletivos na escola requer não apenas uma alteração de todos os tempos que ali se produzem, os tempos dos alunos, dos professores, das disciplinas escolares [...] mas implica numa mudança de concepção sobre a prática docente. (SOARES, 2000, p. 146)

Teixeira (1998) chama a atenção para aspectos importantes dos tempos coletivos. Para a autora, eles possibilitam o encontro do grupo de professores. Nesses encontros estão em prática questões de interesse da escola, alunos e professores. "São de grande importância, podem constituir-se em ocasiões propícias para se pensar o trabalho da escola e construir uma gestão democrática na mesma" (TEIXEIRA, 1998, p. 280). Existem situações discursivas, em que os lugares da fala estão associados às relações de poder existentes no grupo e, ainda, são tempos coletivos próprios para que os professores se constituam como grupo e conheçam e se reconheçam nos tempos que propiciam construção de identidades.

Concordo com a autora ao afirmar que os tempos coletivos são constitutivos de identidades. Nesses tempos, os professores partilham experiências, desejos, projetos, dividem também seus problemas e preocupações.

Assim, a autora mostra que são tempos em que os professores

> [...] coletivizam suas dificuldades e perspectivas de vida docente e de profissão, (re)conhecendo-se como grupo, compartilhando vivências recíprocas e particulares ao professorado, refazendo e estreitando laços e sentimentos de pertencimento, processos constitutivos de identidades sociais. Neles, os colegas vão tecendo modos de ser e viver na condição professor, identidades vividas, lapidadas. (TEIXEIRA, 1998, p. 306)

Assim, os tempos coletivos são tempos múltiplos que, em geral, respondem a demandas que surgem ou a necessidades decorrentes da dinâmica do trabalho desenvolvido. Percebi flexibilidade no uso desses tempos e busca de formas para adequá-los aos interesses dos professores no ciclo.

Observei também a existência de múltiplas situações concretas em que os professores vivenciavam relações coletivas de trabalho. Por exemplo: nas reuniões pedagógicas, reuniões do 3º ciclo, reuniões interciclos, conselhos de classe, nos momentos de preenchimento das fichas, reuniões do colegiado, assembléias, entre outros.

Teixeira caracteriza esse tempo coletivo dos docentes como "tempo de luta, marco de resistência às estruturas rítmicas temporais estabelecidas" (TEIXEIRA, 1998, p. 326). Isso significa dizer que esses tempos são continuamente modificados pelos docentes. Nesses tempos eles partilham conflitos, controlam relações positivas e de colaboração. Portanto, atribuem a eles significados.

E, ainda nessa direção, Soares (2000) argumenta que os tempos coletivos possibilitam o desenvolvimento de um trabalho abrangente. Os professores objetivam a realização de atividades integradas. Portanto, nessa perspectiva, os tempos coletivos são espaços significativos para realização da prática pedagógica. Nesses espaços-tempos os professores problematizam suas relações, práticas e ampliam seus olhares sobre o aluno e seu processo de ensino-aprendizagem.

### 2.4.1 O conselho de classe no processo de avaliação

O conselho de classe na EMLF mereceu atenção especial. Foi marcado por três momentos. No primeiro momento, o aluno respondeu a uma ficha de autoavaliação que considerava, além de seus progressos e dificuldades relativas aos conteúdos, todas as relações vivenciadas na escola. No segundo momento, os professores da turma, de posse das fichas de autoavaliação e com base nos registros dos alunos, realizaram reuniões para avaliação da turma e de cada aluno. Os registros eram feitos no Caderno da Turma e em fichas de acompanhamento individual. E, no terceiro momento, os professores, alunos e pais em reuniões realizaram revisão da trajetória escolar, identificando progressos, questões que mereciam investimento e procedimentos para melhoria do trabalho escolar.

Quanto à periodicidade, o conselho de ciclo realizou-se semestralmente, e tinha três objetivos com relação a cada ciclo: identificação das características gerais do ciclo; diagnóstico do perfil dos alunos no ciclo e definição de prioridades diante das necessidades dos alunos e elaboração de propostas de ações para facilitação, melhoria e reorganização do trabalho pedagógico. Assim, o processo de avaliação do desenvolvimento dos alunos foi articulado com a proposta de currículo escolar. Nesses momentos todos os participantes do processo de avaliação tinham ciência de seus progressos, limites e possibilidades de mudança.

Essa avaliação revelou tendência processual, descritiva. Constatei que as escolas aumentaram o tempo das etapas, trabalharam com etapas semestrais, o que significou, concretamente, tempo maior para acompanhar os alunos. No entanto, os professores chegaram a alertar quanto à necessidade de as reuniões de pais ocorrerem com maior frequência, a fim de que eles, estando mais presentes, pudessem se envolver mais com a proposta da escola tornando-se parceiros dos docentes no desafio da formação de seus filhos.

A respeito do conselho de classe, os professores assim se manifestaram:

> Sem dúvida é um avanço. Nós temos três etapas bem definidas no conselho de classe. No 1º momento: professores no seu agrupamento, 2º momento; autoavaliação do aluno e no 3º momento: professores, alunos e pais. (Prof. Pedro, Português, 7º ano, EMLF)

> Nosso conselho de classe tem sido muito positivo. Transparente. Oferece também espaço para o aluno se autoavaliar. (Profa. Sofia, Matemática, Ciências e Educação Artística, 8º ano, EMLF)

Outros depoimentos de professores destacaram:

> O conselho de classe carece de aperfeiçoamento. Precisamos organizar informações mais sucintas do aluno. Em três momentos é um avanço. (Prof. Lucas, Educação Física, 8º ano, EMLF)

> Temos equipes de professores aproveitando melhor os três momentos do conselho de classe. Outras precisam se organizar melhor. (Profa. Elza, Coordenadora Pedagógica, EMLF)

Na EMAM, os conselhos de classe realizavam-se semestralmente e participavam dessas reuniões os pais ou responsáveis pelos alunos, todos os professores que trabalhavam com a turma, além de coordenadores e representantes da direção. Seu objetivo era apresentar aos pais o desenvolvimento dos alunos no período, incluindo, reflexões sobre o processo de ensino-aprendizagem; processos de avaliação e organização do trabalho na escola. Nesses conselhos, os pais apresentaram suas dúvidas e angústias e os professores dialogaram com eles esclarecendo os pontos que os afligiam. Como observadora participante, acompanhei a realização de algumas reuniões de conselho de classe da EMAM. Os comentários dos professores sobre o conselho expressam as representações deles a respeito:

> O conselho de classe é um espaço muito importante onde conseguimos socializar os olhares sobre o aluno e o trabalho pedagógico. (Prof. James, Geografia, 7º ano, EMAM)

> Nós conhecemos o nosso aluno e às vezes no conselho de classe paramos muito para discutir os problemas. Acho que precisamos avançar propondo mais soluções. Duas vezes no ano é muito pouco. (Prof. Gildo, Matemática, 9º ano, EMAM)

E ainda:

> O conselho de classe é fundamental. É um grande espaço de interlocução. Às vezes delongamos muito na descrição dos alunos e das suas necessidades e acaba faltando tempo para definir estratégias de intervenção. (Profa. Narla, História, 8º ano, EMAM)

Observações dos momentos de conselho indicam também que se trata de um encontro de classe qualitativo:

> Os professores revelam preocupação com o desempenho e aproveitamento dos alunos. Assim, destacaram: alunos que evoluíram; alunos que estão desabrochando para a vida, para a adolescência, para o trabalho escolar; alunos que superaram as expectativas dos docentes; alunos que precisam de novos estímulos e ações de intervenção. Preocupados com esses alunos os professores defendem a continuidade do Projeto Intervenção. Refletiram, trocaram sugestões sobre outros projetos capazes de mobilizar os alunos na próxima etapa. Faltou tempo para definição de ações a curto e a médio prazo. (Conselho de Classe, EMAM)

Os depoimentos dos professores acima citados mostram que nas escolas estavam presentes elementos característicos de uma avaliação formativa. Os professores demonstraram ter consciência do problema da avaliação e percebiam a necessidade de superar o modelo de avaliação excludente, que sentencia o aluno como aprovado ou reprovado. Com efeito, havia um processo em construção de práticas articuladas com essa nova lógica com a qual procuravam avaliar os aspectos globais, envolvendo aspectos do processo ensino-aprendizagem, a ação dos professores, a lógica de organização dos tempos escolares (professores, alunos e conhecimento). Constatei, também, a presença de critérios que valorizavam a socialização, a formação de identidades, valores éticos. Na verdade, a problemática da avaliação não se dava de forma isolada, mas perpassava a prática político-pedagógica da escola.

Vejam-se alguns comentários dos professores a respeito.

> A gente avalia o processo. Quando decidimos mudar assumimos isso. Respeitamos o aluno como sujeito em processo de desenvolvimento. Ele é tratado com respeito e o nosso trabalho procura envolver as dimensões: cognitivas, afetivo-emocional, sociocultural e corporal. (Profa. Denise, Educação Artística, 8º ano, EMAM)

> Já há algum tempo que nós estamos nos perguntando: que tipo de aluno temos? Quem somos? Que tipo de escola nós queremos construir? Que tipo de aluno nós queremos formar? Aí chegamos à conclusão que tinha que discutir currículo, avaliação, docência. Tudo isso fez com que a gente reconstruísse o projeto político-pedagógico da escola, estamos caminhando [...]. (Profa. Hilda, Português e Filosofia, 9º ano, EMLF)

Afinal, o sentido dado à avaliação pelos professores passa pela identificação dos desafios, recuos, mas também dos avanços e desenvolvimento da ação educativa. Assim, procuravam diagnosticar os desafios dos alunos e buscavam práticas alternativas de superação e avanço garantindo o processo ensino-aprendizagem. No meu entendimento, ela se dá por um processo contínuo e formativo.

Nesse ponto, dialogo com duas pesquisas que tratam da questão do conselho de classe: Dalben (1990) e Teixeira (1998). Dalben desenvolve sua pesquisa analisando o conselho de classe como possibilidade de integração do coletivo escolar. Identifica-o, também, como espaço de discussão do trabalho pedagógico e de planejamento. Assim a autora afirma:

> [...] Esse processo integrado de trabalho não apenas aprofunda as questões da prática pedagógica e, com isto, desenvolve o conteúdo significativo da atividade, como também e especialmente traz à tona a emulação pelo próprio trabalho, em que os participantes se colocam como produtores e criadores da ação. [...] O envolvimento é efetivo e a escola passa a ter uma movimentação relacional independente de fatores estruturais normativos. (DALBEN, 1990, p. 146)

Teixeira (1998) destaca, entre os tempos docentes, os conselhos de classe. Na concepção da autora, os conselhos são portas para onde "fluem as relações e os processos didático-pedagógicos dos longos períodos da sala de aula". A autora ainda salienta que eles estão inscritos nos tempos escolares e na "sequência rítmica das trajetórias estudantis, demarcando ciclos e encadeamentos no trabalho docente e no desenvolvimento dos alunos" (TEIXEIRA, 1998, p. 290). São também etapas, (re)criadas pela escola.

Mais adiante, tratando, ainda, dos conselhos de classe, ela destaca a responsabilidade dos professores diante dos alunos, valoriza o processo de avaliação descritiva e lembra que os professores reconhecem a importância dos conselhos, mas controlam a sua cadência para não comprometer o trabalho em sala de aula (TEIXEIRA, 1998). Por isso, sempre falta tempo para definir procedimentos para superação dos problemas apresentados.

Já, segundo Dalben, o conselho de classe é uma instância de avaliação:

> O conselho de classe surge segundo o pressuposto de que, num processo coletivo, em que existem as diferentes óticas dos diversos profissionais,

> conseguir-se-á, através da soma dessas óticas, o maior conhecimento do objeto que se avalia para se obterem consequentemente, tomadas de decisão mais acertadas. Segundo o caso aqui enfocado, através das análises dos diversos professores, ter-se-ia maior conhecimento do aluno, para o seu melhor atendimento pedagógico, papel fundamental do Conselho de Classe. (DALBEN, 1990, p. 169)

A autora desenvolve sua pesquisa destacando o papel fundamental do conselho de classe: "desenvolver o processo de avaliação através de riquezas de análises múltiplas de seus participantes, bem como estruturar os trabalhos pedagógicos segundo essas análises coletivas, permitindo-se um fazer coletivo" (DALBEN, 1990, p. 170).

Assim, posso dizer que se trata de uma concepção de avaliação que

> [...] Implica a consideração do aluno como um todo, a percepção de seu crescimento como pessoa, implicando, ainda, a análise de dados variados, tentando-se obter informações em diversos níveis, recolhendo-se evidências ligadas às habilidades, atitudes, interesses e necessidades do aluno. Esse tipo de observação sugere uma observação sistemática do aluno, individualmente e em grupo, no sentido de acompanhá-lo continuamente no trabalho escolar, conhecendo-o em todos os aspectos [...]. (DALBEN, 1990, p. 175)

Nesse sentido, o trabalho de Dalben (1990, 2004) traz contribuições para o estudo da avaliação ao optar por uma avaliação qualitativa, contínua, que se dá mediante a observação do aluno no seu desenvolvimento escolar como um todo.

### 2.4.2 A relação entre família e escola

A relação família-escola na EMAM e na EMLF, em geral, foi marcada por diferentes formas de relacionamento. Aliás, a pesquisa do Grupo de Medidas Educacionais (GAME) já havia identificado problemas de relacionamento decorrentes da não compreensão dos eixos norteadores dos projetos das escolas, especialmente no que se refere à avaliação, à ausência de notas e à não retenção. No caso das escolas pesquisadas, ouvi queixas dos professores referentes à pouca participação dos pais nas questões escolares. De acordo com os professores, quando necessitavam da presença dos pais, apoiando-os nos encaminhamentos de seus filhos, enfim quando mais necessitavam deles, eles estavam ausentes. Só com muito empenho conseguiam a presença dos pais nas reuniões.

De modo geral, os pais que se posicionavam contra o projeto da escola acreditavam que ela não estava boa. Isto porque a sua forma de entender a escola estava ainda condicionada ao ensino tradicional, seriado e com reprovações. Do mesmo modo, a comunidade acreditava na escola motivada pela sua representação ao longo dos tempos, mas não sabia se a implementação daquele projeto foi uma decisão acertada (DALBEN, 2000).

Em contrapartida, observei que as famílias se interessaram pelos eventos culturais, religiosos, esportivos, como: festa junina, feira da cultura, formaturas, jogos internos, cultos ecumênicos. Reclamações sobre ausência dos pais nas reuniões estão claras nos seguintes depoimentos dos professores da EMLF:

> Precisamos pensar estratégias para envolver mais os pais. Cobrar a sua presença. Ser mais ousados para trazê-los para a escola. (Profa. Isaura, Matemática e Filosofia, 7º ano, EMLF)

> Acho que a família está muito ausente. A participação é pequena. Precisam ter mais compromisso com a educação dos filhos. O aluno hoje na escola está muito caro: livros, bolsa escola, material e a família muitas vezes não reconhece. (Prof. Daniel, Matemática e Filosofia, 7º ano, EMLF)

Já este professor analisou o desenrolar das reuniões:

> A reunião de pais está bem organizada, tem sequência, temos uma preocupação com o trabalho pedagógico. Porém, às vezes falamos muito. O pai quer saber coisas mais simples. Quer saber como está seu filho. Falamos muito, quem sabe, precisamos ouvir mais? (Prof. Fábio, História e Geografia, 9º ano, EMLF)

Os depoimentos revelaram que os docentes não estavam satisfeitos com a participação dos pais no processo educativo escolar. Por isso, defenderam espaços-tempos para que a presença deles fosse significativa. Por conseguinte definiram que nas reuniões de pais privilegiariam a partilha da vida escolar dos alunos. Assim, consideravam importante que os pais tivessem conhecimento do perfil da turma, do desempenho do seu filho, do trabalho desenvolvido e dos objetivos pretendidos. Para isso, garantiram acesso deles à avaliação do aluno, além de atendimento individual feito pelo professor, quando necessário.

Já na EMAM, a presença dos pais foi visível em diferentes momentos, tanto em grupos quanto individualmente. Havia receptividade por parte dos agentes da escola no atendimento aos pais, sempre que eles procuravam a escola. Além disso, nos momentos esportivos e culturais, nos momentos de enfrentamento de desafios da vida escolar dos filhos, eles eram convidados a participar.

Com referência à aceitação/compreensão da proposta pedagógica da escola, percebi coexistência de resistências e euforias, entre os pais. Muitos deram depoimentos positivos a respeito do desempenho obtido pelos filhos. Outros manifestaram dúvidas com relação ao aproveitamento dos filhos questionando a falta de exercício para ser feito em casa ou a quantidade de tarefas feitas no caderno, o qual nem sempre era utilizado.

Os exemplos, a seguir, expressam a opinião dos professores sobre a participação dos pais às reuniões:

> É difícil trazer os pais na escola. A participação deles é fundamental. Com os que vêm estamos conseguindo dialogar. (Prof. João, Educação Física, 9º ano, EMAM)

> Temos procurado envolver os pais no projeto educativo. Melhorou a confiança no grupo e a compreensão do projeto da escola. Mas, às vezes, aparece ainda alguns questionamentos. Estão entendendo melhor o que significa inclusão. (Profa. Marlene, Educação Artística, 9º ano, EMAM)

E este observou:

> Alguns pais preferem o modelo tradicional. Outros entregam o filho para a escola e não acompanham o trabalho. (Prof. Mateus, Inglês, 9º ano, EMLF)

Uma professora explicou:

> O desafio é mobilizar os pais desinteressados, ausentes. Os pais que mais precisam da presença e apoio, estão longe. Dos que participam das reuniões, melhorou a compreensão da proposta da escola. O bom desempenho dos nossos alunos no ensino médio em outras escolas ajudou muito. (Profa. Sônia, Ciências, 9º ano, EMLF).

Isso posto, com relação às formas de relação e comunicação escola--família, as escolas se esforçaram no sentido de sensibilizarem os pais para a proposta. Promoveram várias atividades tendo em vista essa integração. Como exemplo disso, cito: organização de reuniões que incluíram atividades culturais, esportivas e religiosas; conscientização dos alunos em sala de aula no sentido de entregarem os comunicados aos pais para que eles pudessem estar presentes às reuniões. Além disso, mantiveram um sistema de recepção aos pais que procuravam a escola, atendendo-os e possibilitando o contato direto com os professores que trabalharam com seus filhos.

Considerando os conflitos anteriores, concluo que houve um avanço significativo nas relações escola/família. A escola buscou estreitar essa relação e sensibilizar os pais para a proposta pedagógica da Escola Plural. No entanto, à época da pesquisa, ainda existiam resistências, inseguranças e dificuldades de entendimento das mudanças ocorridas, especialmente no tocante à avaliação. A superação da cultura instalada entre pais e alunos da relação *produto é igual nota* era um desafio presente.

Os professores reconheceram isso e contavam com o importante papel dos pais no processo de escolarização dos filhos. Acreditavam também na existência de um sentimento, aliás generalizado, de que mudanças positivas somente ocorreriam nas escolas se elas fossem capazes de desenvolver laços de colaboração com as famílias e as comunidades.

Também a pesquisa realizada pelo Grupo de Avaliação e Medidas Educacionais (GAME) constatou que o tipo de relação escola/família estava vinculado a alguns elementos importantes: localização, história da escola e suas raízes no bairro, o projeto pedagógico construído pelos professores. De modo geral, a pesquisa destacou:

> Foi unânime a opinião de que ainda há muito o que fazer no sentido de se conseguir o entrosamento escola/comunidade. Para as escolas, a principal forma de relação com a família ocorre mesmo por meio do interesse que os pais têm sobre o desempenho dos filhos e isso ocorre, ou espontaneamente, quando o pai procura, ou através de reuniões e atendimentos individualizados convocados pela própria escola. (DALBEN, 2000, p. 111)

Com referência às escolas pesquisadas, os depoimentos dos professores sinalizaram que escola e família precisavam crescer nas relações. Para enfrentar os inúmeros desafios, os professores contavam com o apoio dos pais. Assim, concluo que escola e família podem partilhar a responsabilidade pelo desempenho satisfatório e crescente maturidade dos adolescentes, mantendo-se a especificidade dos papéis de cada um dos sujeitos dessa interação. Por isso, os professores tentaram criar procedimentos para trabalhar em conjunto. Tal atitude demanda disponibilidade para o diálogo construtivo.

## 2.5 Componentes formativos na prática de avaliação dos professores

O aprofundamento da questão da avaliação formativa, como proposta alternativa, levou-me ao estudo de alguns teóricos, como: Gather Thurler (1994, 2001), André (1996, 2001), Dalben (1998, 2000, 2004), Esteban (1999, 2001) e Villas Boas (2000, 2001 e 2002).

Nesse ponto considero importante retomar as questões apresentadas no primeiro capítulo deste livro, que constituíram o ponto central desta obra. São formativas as práticas de avaliação dos professores? Quais são os elementos que definem a categoria formativa? Se a avaliação formativa está presente na prática desses professores, como tem sido interpretada e implementada por eles?

Nesse sentido, constatei que os professores buscavam novas práticas de avaliação. Nesse ponto, destaco a importância da avaliação formativa, que se desenvolve respeitando princípios éticos e, nesse contexto, contribui para a formação de cidadãos críticos, autônomos, participativos e solidários. Tal avaliação implica, necessariamente, refletir sobre o que habitualmente se faz, o que é necessário mudar e como assumir uma postura dialética, partindo de uma análise crítica do que se pratica comumente na escola no que se refere à avaliação da aprendizagem.

A esse respeito, os professores das escolas pesquisadas assim se manifestaram:

> Eu mudei o meu jeito de avaliar. Estou aprendendo a questionar o meu trabalho. Antes quando o aluno tirava nota baixa a culpa era dele. Não estudou. Agora, nós estamos procurando utilizar diversas formas para esse aluno aprender. (Profa. Edna, Geografia, 7º ano, EMLF)

> No coletivo nós refletimos sobre a nossa prática. Pensamos estratégias coerentes com a proposta político-pedagógica que definimos no coletivo. O interessante é que um vai ajudando o outro a desenvolver esse olhar crítico. (Profa. Narla, História, 7º ano, EMAM)

Vale ressaltar que tanto a EMAM quanto a EMLF revelaram, em seu trabalho, algumas linhas de forças significativas da avaliação formativa, como: está dirigida para o aluno, a quem diz respeito em primeiro lugar; torna-o consciente da sua própria aprendizagem e ajuda-o a implicar-se, cada vez mais, nela; faz parte da aprendizagem; procura adaptar-se às situações individuais, com isso o professor mostrou-se muitas vezes flexível e aberto à pluralidade; também revelou interesse pelo processo como pelo resultado, não se limitou a observar, mas integrou a observação à ação; para tal, deu importância às dificuldades dos alunos, procurou situá-las para minimizá-las, tentando descobrir suas causas. Exemplo dessa prática são os estudos de caso realizados pelos professores e apresentados no próximo capítulo deste livro.

Desse modo, se a avaliação formativa se destina a ajudar o aluno, poderá, igualmente, ser útil para provocar mudança nos professores. De fato, nas escolas, observei que, com múltiplos esforços, eles alteraram suas práticas e passaram a orientar o ensino com eficácia e flexibilidade, a dispor pontos de referências para a aplicação de procedimentos pedagógicos de amplitudes diversas. Por exemplo:

> Cheguei à conclusão que precisava estudar mais, procurar autores que nos ajudassem a pensar sobre esses desafios da prática. O interessante é que nós estamos enfrentando os desafios da prática com mais ânimo e esperança. (Profa. Leda, Coordenadora Pedagógica, EMAM)

> O professor tem que ser observador. Assim ele tem que continuar buscando novas formas para melhorar o ensino. Se o aluno aprendeu? Ótimo. Se não, eu tenho que interferir, buscar novas estratégias, trocar ideias com meus colegas no coletivo. E assim a gente vai enfrentando os desafios da prática. (Profa. Renata, Ciências e Educação Artística, 7º ano, EMLF)

Esses depoimentos e os dados coletados confirmam que os professores adotaram diversos tipos de intervenção, como: trabalhos individuais, com material concebido de acordo com a natureza das necessidades de aprendizagens dos alunos; atividades que buscavam estabelecer a interação professor-aluno; atividades em que o professor, mediante o diálogo, tentava favorecer a reestruturação dos planos de aprendizagem do aluno; trabalho em pequenos grupos, a partir do qual se estabelecia a interação entre alunos em diferentes estágios de aprendizagem.

Quanto às práticas de avaliação formais, observei que as mais usadas pelos professores da EMAM foram os trabalhos individuais, seguidos pela exposição dialogal, atividades em dupla, trabalhos em grupo e trabalho com leituras diversas. Já na EMLF, privilegiaram a exposição dialogal, trabalhos individuais, trabalhos em grupo e o uso do livro didático. Como procedimentos ainda considerados complementares, realizaram: excursões, gincanas, jogos e práticas em laboratórios. Assim, os professores diversificavam as formas de ensinar e, consequentemente, avaliar. Não estavam subordinados à avaliação estilo prova. Elas ocorreram, mas aplicadas como um instrumento de avaliação entre outros utilizados pelo professor.

Ao retomar os estudos de Allal (1988), um dos autores suporte da pesquisa, constatei que ele defende a avaliação formativa mais compatível com as novas didáticas (ALLAL, 1991). Recoloca a avaliação no quadro de uma problemática mais ampla, a do trabalho escolar, e destaca que há muito a fazer para mobilizar, nos professores, a vontade e os meios de praticar uma avaliação formativa.

Prosseguindo o estudo da avaliação formativa, um dos seus princípios é que cada um se torne autônomo no processo de aprendizagem. Mas nenhum de nós se torna autônomo sozinho, e sim na interação com o outro. Nesse sentido, as dúvidas, os desafios dos alunos são considerados como geradores de situações de interação, significativas e impulsionadoras da ação educativa. Também a construção do conhecimento parte de duas premissas básicas: confiança na possibilidade de os alunos reconstruírem conhecimentos e valorização de suas manifestações e interesses.

Assim, a categoria formativa provoca o desenvolvimento do aluno nas diversas dimensões: cognitiva, corporal, sociocultural e afetivo-emocional. Desse modo, ela promove a formação. Sua preocupação não é classificar, dar notas, punir ou recompensar, mas facilitar a aprendizagem. No caso das escolas pesquisadas, verifiquei que essa concepção estava presente. Observei que os alunos, na sala de aula, nos projetos mostravam autonomia, em especial, no grupo focal,[9] sabiam identificar seus progressos e necessidades. Já os professores, em vários momentos coletivos, desenvolveram saberes práticos, fruto da experiência, revelando conhecimento dos seus alunos, dos seus desafios e de suas aquisições. Demonstraram ter clareza de que o objetivo desse acompanhamento era garantir crescente progressão do aluno. Assim, os professores acreditavam que a observação dos alunos possibilitara a percepção dos interesses deles, suas dificuldades, suas motivações e daí poderiam pensar em melhores formas de agir. Nessa perspectiva, a avaliação formativa é, pois, aquela que ajuda o aluno a aprender e o professor a ensinar.

Eis alguns depoimentos de professores a respeito:

> Vejo que nesse novo modelo de avaliação, acompanhar o aluno é fundamental. É processo [...] é isso, é a gente olhar no dia a dia, em todas as tarefas que o aluno faz, saber como ele vai. Conhecer o aluno, nós conhecemos. Falta é tempo para agir. Mais intervenção em sala de aula e fora dela. (Prof. Gildo, Matemática, 9º ano, EMAM)

> De tanto a gente pensar sobre a prática, partilhar nossos sucessos e angústias nós estamos aprendendo a lidar com esse aluno. Mudou muita coisa: a forma da gente olhar para o aluno, a forma da gente ensinar, a forma da gente avaliar, também. (Profa. Amélia, Educação Física e História, 7º ano, EMLF)

Em conclusão, a proposta formativa adotada pelos professores colaborou na observação apurada dos alunos, contribuiu para compreender seus comportamentos, de modo a adequar as intervenções pedagógicas e as situações didáticas propostas. Tudo isso na expectativa de otimizar as aprendizagens. Portanto, nessa perspectiva, "a avaliação formativa está centrada essencial, direta e imediatamente sobre a gestão das aprendizagens dos alunos" (BAIN, 1988, p. 24).

---

[9] O grupo focal é uma técnica de investigação qualitativa utilizada nas Ciências Sociais para buscar uma resposta aos *porquês e comos* dos comportamentos sociais. É uma fonte de informação útil no entendimento de atitudes, crenças e valores de um grupo ou de uma comunidade (KRIEGER; CASEY, 1999; GOMES, 2003). Neste trabalho o Grupo Focal foi aplicado junto aos alunos a fim de apreender a visão e a voz dos discentes sobre a prática de avaliação implementada pelos professores.

Nessa medida, ser avaliador consciente das limitações e do alcance das propostas de avaliação leva o professor ao desafio de avaliar a si mesmo. Ainda que sua reflexão não seja sistematizada por um plano ou um roteiro contendo questões orientadoras, o professor, de modo geral, tem desenvolvido uma prática reflexiva com seus pares, está sempre pensando nos resultados e nos possíveis efeitos da avaliação realizada.

Constatei que a avaliação formativa está voltada para a construção dos saberes dos alunos e não para a lógica de transmissão de saberes. Desse modo, promove a aprendizagem e reintroduz nela a dimensão temporal. Passa-se da avaliação de um estado de coisas a uma avaliação no tempo. Daí, tornam-se importantes as seguintes categorias: movimento, percurso, passagem, evolução, progressão. Trata-se de categorias essenciais da aprendizagem, nos seus aspectos complexos. Portanto, a avaliação passa a integrar-se a um ensino diferenciado que considera ritmo personalizado, diversidade de soluções para as diferenças e necessidades individuais. Desse modo, possibilita um trabalho individualizado. O professor, na prática, tem recriado possibilidades de intervenções (GOMES, 2003, 2004, 2005).

Dessa maneira, monitorar os alunos que trabalham em grupos, observar suas reações e evoluções durante a aprendizagem e fazer relatórios de desenvolvimento são alguns dos caminhos para se fazer uma avaliação formativa. Tal propósito requer que sejam respeitadas as características de cada aluno, o que envolve uma dimensão processual no trabalho docente. Nesse sentido, a pesquisa que originou este livro mostrou mudanças no papel do professor, que deixa de ser aquele que tem o conhecimento e o transmite e passa a ser um facilitador que veicula interações, provoca intercâmbio em sala de aula e ajuda na construção de novos conhecimentos.

Também considero que a função do professor é conhecer bem o aluno, valorizá-lo e, assim, despertar-lhe interesse na construção do conhecimento. Vale ressaltar que as escolas tiveram coragem de eliminar a nota, enfrentaram um desafio: despertar o aluno para uma nova lógica na relação com o estudo. Sentindo-se contemplados em suas expectativas, a escola, o trabalho pedagógico, a sala de aula tiveram sentido e significado para seus alunos.

Com efeito, a pesquisa nas escolas possibilitou-me identificar elementos da avaliação formativa que favorece o desenvolvimento do aluno, do professor e da escola. Assim, como procedimento, a avaliação formativa aponta "novos princípios e pode assim promover o contínuo crescimento dos envolvidos: professor, aluno e escola" (BLACK; WILLIAM, 1998, p. 146). A adoção de princípios formativos implicou a existência de uma nova cultura de avaliação voltada para o comprometimento com a aprendizagem do aluno e de todos os que com ele interagiram. Trata-se de uma complexa tessitura, de múltiplos fios e desafios presentes na prática pedagógica em sala de aula.

Capítulo 3

# DESFIANDO AS TESSITURAS DAS PRÁTICAS DOCENTES DE INTERVENÇÃO: O TRABALHO COM ALUNOS EM SEUS NÍVEIS DIFERENCIADOS

*Quando vivemos a autenticidade exigida pela prática de ensinar-aprender, participamos de uma experiência total, diretiva, política, ideológica, gnosiológica, pedagógica, estética e ética, em que a boniteza deve achar-se de mãos dadas com a decência e com a seriedade.*

(Paulo Freire)

Os procedimentos de intervenção das escolas – Projeto Intervenção, EMAM, e Turma Projeto, EMLF – tinham por objetivo promover e acompanhar os processos e percursos de aprendizagem dos alunos. Este trabalho diferenciado vinha sendo realizado no cotidiano das escolas, encontrando-se, pois, em processo. Em consequência, ora apresentava avanços, ora desafios e, assim, caminhava-se, para o aperfeiçoamento. Portanto, identifiquei nos projetos das escolas elementos pertinentes para uma prática de avaliação formativa.

Assim, sintonizada com a epígrafe inicialmente apresentada, afirmo que o professor na escola está sempre aprendendo e, na defesa de uma prática inclusiva, buscando formas de reinvenção da escola, em seus espaços-

-tempos de trabalho, tendo em vista um processo de ensino-aprendizagem diferenciado.

## 3.1 Práticas de intervenção nas escolas: acompanhamento dos alunos nos processos e percursos de aprendizagens

Diversas experiências de ensino têm surgido hoje e pesquisas sobre a diferenciação do ensino revelam uma crescente sensibilidade dos professores para essa questão. Isso os torna mais conscientes das diferenças e dos desafios decorrentes das práticas adotadas, nas diferentes situações como: na animação global da sala de aula; na relação pedagógica e nas reações do professor perante determinados comportamentos dos alunos nem sempre correspondentes às suas expectativas; na preparação do trabalho didático propriamente dito (temas, projetos, exercícios, atividades de todos os tipos).

Mas, afinal, quem é esse professor da 2ª fase do Ensino Fundamental? Trata-se de um sujeito que passa, ao longo da semana, horas entre seus 20 a 25 alunos logo, necessariamente, constrói imagens diferenciadas deles. Com cada aluno, ele estabelece um relacionamento relativamente personalizado e ajusta, de forma parcialmente individualizada, suas exigências, suas reações, suas explicações, sua avaliação de acordo com a demanda de cada um. Aliás, ao longo da pesquisa, percebi que vários professores se esforçavam, diariamente, para que os alunos fossem bem-sucedidos. Para tanto, dedicavam mais tempo com os que revelavam mais necessidades de acompanhamento.

E como se revelou a prática dos professores no projeto de intervenção? Acompanhando as atividades dos docentes em sala de aula, concluí que o processo ensino-aprendizagem, conforme era desenvolvido nesse projeto, comparava-se a tessituras complexas: os professores trabalhavam com seus subgrupos; os alunos, às vezes, em duplas ou agrupavam-se em trios, quartetos ou mesmo individualmente. Esse trabalho exigia do professor nova organização dos espaços-tempos e nova postura para gerir o processo em sala de aula.

### 3.1.1 Turma Projeto na Escola Municipal Lúcia de Freitas

Na EMLF, as Turmas Projeto[10] do 3º ciclo foram constituídas por alunos com muito tempo de escolarização e marcados por uma trajetória de fracasso escolar. As aulas eram realizadas por uma equipe de professores que desenvolvia planejamento especial, de acordo com as dificuldades que os alunos apresentavam, tanto no tocante à disciplina e às relações interpessoais, quanto referentes às habilidades básicas atinentes ao ciclo.

A respeito disso, esta professora assim se manifestou:

> As dificuldades percebidas em alguns alunos nas áreas do conhecimento e o nível baixo de autoestima no 2º ciclo, fez com que continuássemos a proposta no 3º ciclo, visando criar situações que motivassem e contribuíssem para que esses alunos acreditassem na própria capacidade e desenvolvessem a criatividade e a autonomia, sendo capazes de tomar decisões e solucionar problemas. (Profa. Mara, Turma Projeto, EMLF)

E, segundo esta,

> As Turmas Projeto tiveram sua formação a partir do diagnóstico que realizamos sobre as dificuldades na aprendizagem. Foram formadas por alunos que têm ritmo variado quanto às questões de apreensão, construção do conhecimento/relacionamento em grupo, internalização e execução de regras de convivência. (Profa. Hilda, Turma Projeto, EMLF)

A experiência da EMLF com Turma Projeto tinha por base as orientações dos incisos IV e IX do artigo 3º da Lei de Diretrizes e Bases (LDB nº 9.394/96), que chamam a atenção para a tolerância que deve haver por parte da escola e dos professores em relação aos alunos que, em algum momento do processo ensino-aprendizagem, não tiveram as necessárias

[10] Turmas Projeto foram constituídas por alunos que, na avaliação de seus professores, não tinham domínio de competências e conhecimentos considerados básicos para o ano escolar no qual se encontravam. Em geral, foram formadas por alunos que já vivenciaram duas ou mais reprovações escolares e que, por isso, apresentavam defasagem entre a idade e o ano escolar frequentado. Observei, também, que havia casos de alunos acelerados. Entende-se por aceleração uma intervenção emergencial que se propõe a oferecer uma nova prática pedagógica para alunos que não tenham conseguido se beneficiar da escolarização regular e que estejam em defasagem idade/série de três anos ou mais.

condições para aprender o que deveriam ter aprendido no tempo e espaço adequados.

O artigo 59 da Lei de Diretrizes e Bases (LDB nº 9.394/96) determina que os sistemas de ensino assegurem ao educando um tratamento diferenciado e a terminalidade específica para alunos que não conseguem progredir e atingir os objetivos estabelecidos para cada idade e para término do Ensino Fundamental, pela escola. Esses alunos podem aprender com os métodos escolhidos pelos docentes, de acordo com suas necessidades (Parecer nº 1.132/97 do Conselho Estadual de Educação (CEE).

Em conformidade com a LDB, a EMLF estruturou sua forma de enturmação criando Turmas Projeto. Nessas turmas, o atendimento aos alunos era organizado diferentemente das turmas regulares. Assim, o objetivo das Turmas Projeto era atender os alunos que, por quaisquer motivos (cognitivo, psicológico, afetivo ou físico), não tiveram o desenvolvimento esperado, mesmo sendo oferecidos a eles todos os meios necessários à sua aprendizagem e integração na classe-escola. Os professores tinham também o objetivo de proporcionar a esses alunos aprendizagem e desenvolvimento de habilidades conforme a proposta da escola.

Essas turmas foram compostas com um número máximo de 25 alunos. As equipes de trabalho compunham-se de trios de professores, para cada duas turmas. Percebi, ao acompanhar essas experiências, que o professor tinha um novo olhar sobre aqueles adolescentes em tempo de formação. Sua atenção voltava-se para o processo de construção do conhecimento do aluno, em especial, para o processo de alfabetização e letramento.[11]

De acordo com o depoimento dos professores, a coordenação pedagógica apoiava o desenvolvimento da intervenção fornecendo: material pedagógico, textos para estudo, discussões, atividades diferenciadas, entre

[11] Alfabetização significa tornar o indivíduo capaz de ler e escrever. Letramento é o resultado da ação de ensinar e aprender as práticas sociais de leitura e escrita. É o estado ou condição que adquire um grupo social ou um indivíduo como consequência de ter-se apropriado da escrita e de suas práticas sociais. Assim, ter-se apropriado da escrita é diferente de ter aprendido a ler e escrever. Aprender a ler e escrever significa adquirir uma tecnologia, a de codificar em língua escrita e de decodificar a língua escrita; apropriar-se da escrita é tornar a escrita *própria*, ou seja, é assumi-la como sua *propriedade* (SOARES, 1998, 1999, 2000).

outros. Além de manter diálogo com os pais, alunos, em especial, quando solicitado pelo professor. Outro espaço importante para avaliação e planejamento das intervenções eram as reuniões entre professores, alunos, coordenação pedagógica e pais nos conselhos de classe.

Verifiquei, também, que os professores das Turmas Projeto, organizados em agrupamentos menores e com o trabalho coletivo, empenhavam-se no conhecimento de suas turmas realizando um trabalho pedagógico diferenciado que contribuía efetivamente para a formação dos alunos. Como exemplo desse trabalho coletivo, voltado para o conhecimento dos alunos, eis alguns depoimentos dos professores sobre os adolescentes do 3º ciclo.

> Dar aula no 3º ciclo aqui, não é fácil, o 7º ano é super agitado. Fico impressionada com o excesso de energia deles. Se a gente deixar eles põem a sala a baixo, são desorganizados, indisciplinados, dão muito trabalho para os professores. Agora, se você for na aula de Educação Física vai ficar impressionada com a forma deles se organizarem, converse com a professora deles e vai lá visitar, é impressionante. (Profa. Ivana, Língua Portuguesa, 7º ano, EMLF)

> Os alunos do 8º e 9º anos daqui são bons. Eles são mais maduros e responsáveis, alguns trabalham e ajudam os pais no sustento da casa. Mas o 7º ano dá muito trabalho. Tem dias que é impossível dar aulas. Você vira para chamar atenção de um grupo, dois outros começam a brigar. Você dá uma orientação eles não escutam, não estão nem aí e às vezes até respondem mal. Aí eu não aguento, mando para a coordenação. (Profa. Edna, Geografia, 7º ano, EMLF)

> Olha, nós temos alunos muito bons; educados, estudiosos, respeitam os professores, são organizados. Procuram a gente até para falar de seus problemas pessoais. Outros chegam a impressionar, passam por problemas graves na família, na região onde moram e conseguem superar [...]. Um exemplo é o Cláudio. Converse com ele. Veja a história desse menino e observe como ele está na sala de aula. Agora ele é afetuoso, empenhado nos estudos, convive bem com os colegas, mas já deu trabalho [...]. Agora tem uma moçada aqui muito difícil. Vem para a escola para bater papo, brincar, passear, [...] tudo, menos estudar. (Profa. Renata, Ciências e Educação Artística, 8º ano, EMLF)

> Você vai ficar aqui hoje no 7º ano? Entre e fique à vontade [...]. Vou pedir ao Paulinho para contar pra você o trabalho que iniciamos com o poema

> do Carlos Drummond de Andrade comemorando o seu centenário: "no meio do caminho tinha uma pedra" [...]. (Prof. Pedro, Português e Inglês, 7º ano, EMLF)

> Com o 7º ano não adianta gritar. Eu chego séria, organizo a sala e converso com eles sobre a proposta do dia. Reclamam de tudo. Mas sou firme. Dou um tempo para fazerem as tarefas. Às vezes vou chamando um por um na minha mesa. Corrijo as atividades, faço as observações que julgar necessárias. Outras vezes, eu faço uma correção coletiva no quadro envolvendo a participação deles. (Profa. Isaura, Matemática e Filosofia, 7º ano, EMLF)

Pelos depoimentos dos professores da EMLF, é possível perceber a adolescência como uma idade de formação com múltiplas características e dimensões formadoras: socioculturais, afetivo-emocional, corporal e cognitiva. A escola, para os adolescentes, tem sido um tempo marcante em seu processo de formação. E é na escola que o adolescente encontra seus pares de idade, forma seu grupo de amigos, vai construindo sua identidade. De fato, a partir das falas dos alunos no grupo focal, verifiquei que eles se referiam à escola como espaço de formação, educação e saber; de encontro com outros adolescentes que vivenciavam processos diversos, às vezes semelhantes aos seus; de ampliação do círculo familiar e de trabalho; de relações afetivas e sociais.

Nesse sentido, a escola é um espaço significativo que demanda um referencial curricular adequado. Fatores sociais, culturais e econômicos, então, interferem no desenvolvimento e nas tessituras de relações estabelecidas na adolescência, por isso, eles revelam, nestas tramas, comportamentos distintos e até mesmo indesejáveis do ponto de vista do professor.

Atenta a essa questão, constatei que alguns professores se sentiam mais inseguros, às vezes até perdidos na condução e organização do trabalho pedagógico desses adolescentes. Outros, perante esses mesmos alunos, eram bem-sucedidos em suas práticas pedagógicas. Conseguiam definir um currículo que, neste caso, significava: organizar os espaços-tempos, atividades pedagógicas e as relações com seus pares, viabilizar processos pedagógicos e ações didáticas. Para o 3º ciclo, foram apontadas três grandes intenções educativas, voltadas para: expressão por meio das múltiplas linguagens; posicionamento diante da informação, além de interação ativa e crítica com o meio físico e social.

Assim sendo, com o objetivo de conhecer os alunos e realizar uma prática de intervenção mais efetiva, capaz de promover o desenvolvimento dos alunos nas suas diversas dimensões, os professores do 3º ciclo, reunidos em conselho de classe, traçaram também o perfil das turmas.

Eis o perfil da Turma Projeto M, extraído do Caderno de Registro da Turma:

> No início do ano a turma M era composta por 36 alunos, sendo que 9 nunca frequentaram e 3 alunos entraram após o início das aulas. A faixa etária dos alunos varia de 12 a 15 anos (média de 13 anos). São 11 alunos católicos, 6 evangélicos e 3 dizem não ter nenhuma religião. A maioria tem como atividade de lazer assistir televisão e jogar bola. A princípio a turma se apresentava bastante desarticulada, ou seja, não conseguiam cumprir as normas gerais da escola: chegar pontualmente em sala, usar diariamente o uniforme, sair da sala com permissão do professor, etc. Com relação ao ambiente da sala de aula, os alunos apresentavam dificuldades de relacionamento com os colegas (agrediam uns aos outros com palavras, colocavam apelidos, faziam "guerra de papel e borracha", faltavam muito às aulas e retiravam material dos colegas sem permissão do mesmo. Por qualquer motivo se dispersavam. A sala de aula estava sempre muito suja e desorganizada. Estes comportamentos começaram a melhorar a partir das várias intervenções dos professores e da assembléia que foi realizada com os alunos, professores e coordenadora pedagógica. Alguns alunos em função das suas características, problemas e dificuldades, enfrentam barreiras internas e externas em seu processo de aprendizagem, tornando-os menos interessados pelas tarefas escolares. A equipe acreditava ser necessário ajuda de um profissional capacitado para acompanhamento de alguns alunos. Quanto ao desempenho pedagógico, a turma apresenta dificuldades: desinteresse em cumprir as atividades em sala de aula e em casa, descompromisso com o material escolar. Quanto à infrequência, ela ainda é grande e tem prejudicado muito o andamento das aulas, pois, não há como caminhar no conteúdo uma vez que diariamente faltam alunos. Dentre as principais dificuldades destacam-se: problemas na leitura, na interpretação de textos, na produção escrita e no raciocínio lógico-matemático. Quanto ao aspecto afetivo-relacional, os alunos revelam certa timidez, impulsos agressivos e insegurança na relação com o outro. (Turma M, Conselho de Classe, 7º ano, EMLF)

A Turma J foi assim descrita pelos professores:

> A turma J é constituída de 28 alunos, na faixa etária de 13 a 16 anos. Eles estão juntos há 2 anos com os mesmos professores que desenvolvem um trabalho pedagógico específico. A enturmação foi organizada de acordo com o nível cognitivo, respeito às características individuais, tendo em vista a criação de laços afetivos e desenvolvimento das relações interpessoais. A turma demonstra grande interesse na busca de novos conhecimentos e em participar de atividades esportivas e culturais. Existe uma grande amizade entre a maioria dos alunos, o que vem favorecendo as relações interpessoais. Às vezes nota-se uma certa agitação, o que dificulta o trabalho pedagógico. É necessário uma atenção maior por parte dos professores na diversificação das atividades, pois muitos alunos tem pequena capacidade de concentração. Propomos um trabalho pedagógico de continuidade ao realizado no ano anterior, priorizando ações coletivas, estimulando o desenvolvimento de competências e habilidades pessoais e sociais necessárias à formação humana. Optamos por um currículo organizado através de temas que despertem o interesse dos alunos a fim de que possam estabelecer relações dos mesmos com a própria vida, garantindo assim um processo de aprendizagem significativo. (Turma J, Conselho de Classe, 8º ano, EMLF)

Já a Turma P foi caracterizada pelos professores da seguinte forma:

> A turma P é constituída por 23 alunos entre rapazes e moças. A maioria dos alunos já convivem juntos, há pelo menos três anos. Isso significa que a turma já possui uma dinâmica própria, se conhecem em função do tempo e convívio coletivo. Do ponto de vista da aprendizagem é necessário desenvolver ações que promovam o desenvolvimento cognitivo, as noções de temporalidade, espacialidade, raciocínio lógico-matemático. Também pode-se notar que existem diferentes níveis de aprendizagem entre os alunos. Alguns já se destacam na turma pela capacidade de ler, interpretar, argumentar, habilidades essas trabalhadas em sala de aula. Alguns alunos são trabalhadores, e às vezes, percebemos que chegam cansados, às vezes revelam uma certa apatia e não participam ativamente das atividades propostas. A pontualidade, muitas vezes, não têm sido respeitada no início das aulas e término do recreio, acarretando prejuízos no desenvolvimento das aulas. (Turma P, Conselho de Classe, 9º ano, EMLF)

A prática de avaliação formativa demanda que os professores conheçam seus alunos, situem-nos concretamente numa turma, relacionem-nos com seus pares, em suas diversas dimensões. Daí a importância dos registros de turma. Observei que esses registros continham apontamentos dos professores sobre os aspectos cognitivos, relacionais, emocionais, socioeconômicos, entre outros. Aliás, nos conselhos de classe, de onde se originaram esses registros, acompanhei discussões dos professores a respeito das dimensões da construção do conhecimento, do atendimento diferenciado desses alunos, da relação interpessoal entre os alunos das Turmas Projeto.

As discussões prolongavam-se e o tempo sempre era exíguo para definir ações de acompanhamento dos alunos em suas diversas necessidades em curto, médio e longo prazos. Desse modo, os professores muitas vezes se sentiam inseguros, sem apoio efetivo ante as inúmeras demandas dos alunos. Com isso, não conseguiam, muitas vezes, sistematizar/definir encaminhamentos concretos, atuar, de forma integrada, por isso defendiam a ampliação da intervenção. De acordo com eles, ela deveria ocorrer também extraturno e contar com o suporte de um trabalho intersetorial envolvendo outras secretarias municipais: saúde, abastecimento, cultura, esporte, e outros serviços públicos considerados importantes.

### 3.1.2 Projeto Intervenção na Escola Municipal Ângela Martins

Já na EMAM, o Projeto Intervenção[12] teve origem a partir do diagnóstico realizado pelo grupo de professores a partir do qual foi detectado um grande número de alunos apresentando dificuldades no uso funcional da língua materna.

Desde a sua criação, esse projeto teve como eixo norteador a lógica do ciclo de formação, tendo como critério de enturmação a idade e a não retenção do aluno ao longo do processo de escolarização. Diante disso, foram pensadas ações pedagógicas para atender aos alunos que se encontravam em diversos níveis de aprendizagem em uma mesma turma, garantindo-lhes o letramento como forma de inclusão.

[12] Projeto Intervenção visava atender aos alunos que se encontravam em diversos níveis de aprendizagem em uma mesma turma. À época da pesquisa, ocorreu duas vezes por semana no último horário. Os alunos foram enturmados novamente dentro do ciclo, constituindo agrupamentos diversificados, aproximando-se os níveis de conhecimentos e dificuldades específicas.

Visando a atender tal demanda, os professores elaboraram uma proposta de ensino cuja organização era flexível, garantia tempo e espaço para permitir ao aluno tanto a superação das dificuldades, quanto o avanço do conhecimento. Concretamente, o Projeto Intervenção era desenvolvido em dois dias da semana, no último horário. Os alunos foram reenturmados dentro do próprio ciclo de formação, desfazendo, na maioria das vezes, a relação do agrupamento fixo. Foram construídos agrupamentos diversificados, aproximando-se os níveis de conhecimento, habilidades e necessidades específicas. Dessa forma, planejou-se um trabalho de intervenção voltado para o nível em que o aluno se encontrava no estudo da língua, no letramento e no desenvolvimento do raciocínio lógico matemático.

Como já foi dito, o Projeto Intervenção tomou, como eixo norteador do trabalho pedagógico, o ciclo de formação. Utilizou, como critério de enturmação, a idade. A adoção desse critério promove a convivência, em um mesmo ciclo, de alunos com os mais diferentes níveis e ritmos de aprendizagem. Entretanto, os docentes pesquisados entenderam que, ao se utilizar o nível de aprendizagem cognitiva como critério de enturmação, seria necessária a criação de ações que permitissem agrupá-los de forma diversificada, partindo dos princípios da convivência com os pares de idade de formação e contemplando suas demandas específicas de aprendizagem.

De acordo com os professores, o critério utilizado para o reagrupamento dos alunos foi a demanda deles com relação às habilidades de leitura, escrita e raciocínio lógico. Todos os professores do ciclo participaram desse projeto, o que garantiu a organização de turmas com um número menor de alunos, tornando possível o atendimento individualizado e a intervenção em demandas específicas dos alunos.

Esse projeto na EMAM encontrava-se, à época da pesquisa, em pleno desenvolvimento e foi avaliado positivamente pelos docentes, mesmo em meio aos desafios, ele contribuía efetivamente para o crescimento dos alunos.

Assim os professores manifestaram-se sobre a experiência deles no projeto:

> O Projeto Intervenção está voltado para a leitura e escrita. Deve envolver outras disciplinas e temáticas importantes. Estamos, com isso, atendendo os alunos em suas necessidades e nós, professores, estamos crescendo tam-

bém, aprendendo a desenvolvê-lo sempre melhor [...]. (Prof. James, Geografia, 9º ano, EMAM)

A partir das discussões nas reuniões pedagógicas e, mais especificamente nos conselhos de classe, percebemos uma grande heterogeneidade no nível cognitivo dos alunos. E diante disso, sentimos a necessidade de criar uma forma alternativa de intervenção. A proposta consiste em reagrupar os alunos, às 3ªs e 5ªs feiras, de acordo com o seu nível de desenvolvimento no processo de aquisição de leitura e da escrita. O que exigiu a reorganização dos tempos dos professores atendendo a uma proposta coletiva de trabalho. (Profa. Narla, História, 9º ciclo, EMAM)

Ao avaliar o Projeto Intervenção concluímos que ele foi positivo, tem ajudado o aluno a avançar e tem dado aos professores maiores condições de trabalhar com as diferenças em sala de aula. (Profa. Vera, Língua Portuguesa, 9º ano, EMAM)

De acordo com os professores, o trabalho era desafiante e fruto de uma construção coletiva. A avaliação da prática de intervenção era positiva, pois ela proporcionava aos alunos, com diferenças nos níveis de aprendizagem, a conquista e ampliação do conhecimento, a superação de suas dificuldades, sem excluí-los do convívio com seus pares.

O ingresso na EMAM de alunos com acentuadas dificuldades de aprendizagem[13] era grande. Depoimentos de alguns pais demonstraram que a escolha por essa escola decorria não só do Projeto Intervenção, ministrado pelos professores, como também da sua proposta política. Outros comentaram que a escola anterior era muito forte para o filho, deixando implícito que a EMAM era mais fraca.

---

[13] Neste trabalho, dificuldade de aprendizagem é entendida como diferentes ritmos de aprendizagem. Ao longo da pesquisa, observei que os docentes estavam levantando os casos de alunos com problema de aprendizagem para acompanhamento sistemático. Em cada ciclo foi escolhido um aluno para estudo de caso, análise e debates com o objetivo de provocar avanços na concepção de diversidade, diferença, dificuldade de aprendizagem e práticas alternativas eficazes para lidar, de forma efetiva, com esses alunos. Priscilla Vail sugere o uso de diferença de aprendizagem (*learning differences*) em substituição de dificuldades de aprendizagem (*learning desabilities*) dadas as implicações positivas do termo (VAIL, 1990).

Essas visões dos pais preocupavam os docentes, uma vez que a comunidade anunciava que a escola era fraca porque servia a alunos com níveis diferenciados de aprendizagem. De fato, alguns pais retiraram seus filhos da escola ou deixaram de matriculá-los, o que gerou rotatividade no fluxo de alunos. Alguns chegaram a afirmar até que as escolas vizinhas, com prática tradicional, eram melhores.

Outra realidade enfrentada pela escola foi o ingresso de alunos marginalizados pela sociedade e por escolas que os convidaram a sair de suas dependências, dada a dificuldade que encontraram em lidar com seu perfil. Assim, foram apontados: comportamento agressivo; falta de limites; história dramática na família, marcada, muitas vezes, por abandono familiar, físico, psíquico, emocional e, na maioria das vezes, com impedimentos explícitos de acessibilidade ao direito de inclusão social e até mesmo de sobrevivência.

Por diversas vezes, os professores mencionaram que a participação dos pais na vida escolar de seus filhos não era ainda a desejada. Isso revelou, naturalmente, que a relação pais-professores não atingira o nível de maturidade necessário para que o diálogo entre ambos fosse produtivo traduzindo-se em resultados positivos para os alunos.

Outro dado que merece destaque na EMAM, com relação ao trabalho coletivo dos professores, é o uso do estudo de caso tendo em vista a integração efetiva dos seus alunos na escola e em outros espaços sociais. Como exemplo disso, apresento o estudo de caso de três alunos. Os critérios utilizados pelo grupo de professores para escolha desses alunos foram: estar estudando na EMAM pelo menos há dois anos; estar cursando o 3º ciclo a fim de avaliar não só o trabalho feito com esse aluno, mas também o do 2º ciclo; apresentar nível diferenciado de aprendizagem em relação ao esperado para o último ano do 3º ciclo.

O primeiro caso escolhido refere-se a um aluno na etapa final do ciclo:

> João[14] é um adolescente de 16 anos que mora com os pais, uma irmã, o irmão casado, a cunhada e a sobrinha. Atualmente os pais estão emprega-

[14] Adoção de nomes fictícios para os alunos.

dos. Ele, às vezes, ajuda o pai que é pedreiro. A mãe trabalha no setor de limpeza de uma empresa. O irmão casado também contribui no orçamento de casa, ele é carregador de caminhão, mas não tem emprego fixo. Os pais provavelmente não concluíram o ensino fundamental. Na sua casa a mãe e a irmã são evangélicas da Igreja Maranata, ele e o pai são católicos. Ele sai sozinho até o centro da cidade ou às vezes com uma companhia e gosta de ter sempre acompanhantes quando vai sair. João não apresenta problemas de saúde, não faz nenhum tipo de tratamento. Participa do Programa Toriba e gosta muito de jogar futebol. Ele assiste na TV desenhos animados e o Globo Esporte. De vez em quando assiste a filmes, gosta daqueles que mostram guerras ou lutas. João quase não tem contato com materiais de leitura fora da escola, às vezes, olha folhetos de propaganda. Raramente se interessa por literatura, mas quando lê prefere livros de aventura. Ele não tem em casa alguém para auxiliá-lo nas tarefas escolares. De vez em quando, sua madrinha vem visitá-lo e o ajuda. Ele gosta da escola, mas considera que aprende muito devagar. Gosta quando os professores o atendem individualmente ou então quando um dos colegas explica a matéria que ele não entendeu. Acha importante quando algum dos professores o chama para conversar e pergunta se ele está entendendo, ou então, quer saber como está sua família. Acha que isso o estimula a vir a escola. Observa-se em João avanços nos seguintes aspectos: socialização e postura em sala de aula. O aluno era desinteressado, atualmente se envolve mais nas atividades realizadas em sala, mas ainda não faz atividades em casa. Com relação à escrita seu texto apresenta mais coerência e coesão. Não apresenta troca de letras, reconhece a necessidade de utilizar corretamente a pontuação. Apresenta crescimento na interpretação de textos literários. Quanto a Matemática, o grupo pontuou ainda não ter sido feito esse levantamento. (Estudo de Caso, João, 9º ano, EMAM)

De acordo com os docentes, esse aluno ainda apresentava nível diferenciado nos seguintes aspectos: interpretação de textos; uso de regras ortográficas; expressão oral; relações entre os conteúdos estudados e a sua vida, mesmo com a ajuda dos professores.

A EMAM tem registro das formas de acompanhamento e intervenções desse aluno desde seu ingresso na escola. Assim, ele foi acelerado em virtude da sua idade; fez parte da Turma Projeto; participou do Projeto Intervenção. No final do ciclo, a avaliação do seu desempenho mostrou falta de interesse e conversa excessiva em sala de aula. Os professores e a coordenadora do 3º ciclo decidiram trocá-lo de turma. Nesse ano o aluno participou do projeto num agrupamento de dez alunos.

Os docentes que o acompanharam afirmaram que, ao longo desses anos, a escola sempre dialogou com o aluno todas as vezes que julgara necessário. A relação com ele foi pautada por respeito, reconhecendo-o como adolescente em formação. Sempre acreditaram no seu crescimento. Trabalharam no sentido de dar-lhe condição concreta de aprendizagem nas duas dimensões, como interpretar os diversos tipos de textos e produzir textos com coerência e coesão; relacionar-se com colegas e professores, posicionando-se diante deles sempre com respeito e autonomia.

O segundo aluno escolhido para o estudo de caso foi Samuel, que ingressou na EMAM por meio do cadastro escolar.

> Desde o seu ingresso na escola, Samuel apresentou comportamento agressivo, pouca concentração, ameaças verbais e físicas aos colegas e profissionais da escola, além de dificuldades na leitura e escrita. Inúmeras tentativas foram feitas pela equipe da escola no sentido de incluir o aluno, todas sem sucesso. Percebendo que o aluno manifestava outras habilidades, tentamos incluí-lo em uma escola de circo, além de incentivá-lo a participar de projetos esportivos no bairro. No entanto, não houve sucesso. Os docentes procuraram o serviço estadual de saúde na tentativa de incluí-lo, porém o caminho que teríamos que percorrer incluía a participação da escola em outros fóruns. Membros da escola passaram a participar desses fóruns, porém, a questão de atender o aluno era muito urgente e o caminho da participação em outros fóruns, mais lento. Tentou-se então um hebeatra que se prontificou a atendê-lo gratuitamente, mas houve uma recusa do aluno ao atendimento, o que inviabilizou a proposta. Inúmeras reuniões foram feitas para tratar a situação com a participação de professores, direção, coordenação pedagógica, Conselho Tutelar, Promotoria do Município, equipe da Coordenação de Políticas Pedagógicas da Rede, Programa Bolsa Escola e familiares do aluno. Várias visitas foram agendadas por pessoas das equipes citadas para ir à casa do aluno. Membros da escola acionaram o serviço de assistência social encarregado do caso do Samuel para solicitar acompanhamento, tratamento médico e que ele tivesse o direito a ter um local mais adequado para ficar do que a sua residência familiar, posto que nem o medicamento prescrito pelo médico estava sendo ministrado corretamente. O Departamento de Educação Regional propôs que o aluno fosse para o "Lar dos Meninos", para que pudesse ter um melhor atendimento o

que foi inviabilizado diante da recusa dele. Após todas essas tentativas de inclusão, o aluno teve a recomendação do hebeatra para ficar um tempo de tratamento, e só após este período, retornar às aulas, visto que ele estava se colocando em constantes situações de risco físico, como também seus colegas, professores e funcionários. Todas as medidas tomadas pela escola são de conhecimento da Promotoria do Município, que tem registro de todos os relatos. (Estudo de Caso, Samuel, 8º ano, EMAM)

Segue o terceiro estudo de caso:

Carlos foi matriculado na EMAM oriundo da EMJP onde concluiu a 2ª etapa do 1º ciclo numa Turma Projeto. Atualmente ele está com 13 anos, cursa o 9º ano e está um ano fora de sua faixa etária por causa das dificuldades de aprendizagem que apresenta. O coletivo de professores optou por mantê-lo mais um ano no 9º ano em função das dificuldades apresentadas. Carlos mora no mesmo bairro onde está situada a escola. Sua família é constituída pela mãe, uma irmã e um irmão que residem num barracão (nos fundos da casa da avó materna). A mãe, segundo o aluno, é enfermeira e trabalha à noite. Observa-se que a mesma não tem uma vida afetiva equilibrada, pois a cada época o adolescente está com um padrasto diferente. Os professores chegam a desconfiar das informações dadas pelo aluno devido a uma série de mentiras contadas. Numa entrevista, o aluno disse gostar da escola, principalmente dos professores por se preocuparem com ele e seus estudos, além de o tratarem bem. No cotidiano, fora da escola, o aluno ajuda nas tarefas da casa, tais como: organiza o quarto, lava vasilhas, faz pequenas compras, como por exemplo, ração para o cachorro, alimentos na padaria e sacolão. Ele gosta de andar de bicicleta, jogar baralho e principalmente fazer "pega-pega". O irmão mais velho o orienta nos deveres de casa. Carlos gosta de funk, conhece algumas cidades da região metropolitana de Belo Horizonte, já foi a Januária, onde diz ter parentes. De vez em quando vai ao Mineirão, sonha em ser jogador de futebol. Disse que sua família o trata bem, mas sua mãe às vezes é chata, mas dá assistência a ele. Quanto ao pai não o conhece. Quando ingressou na escola, o aluno demonstrou saber ouvir e respeitar as opiniões do grupo. Tinha interesse em ouvir e recontar histórias, mas às vezes era confuso e impreciso em seus relatos. Apresentava muitas dificuldades nas atividades escritas por ainda não dominar as habilidades de escrita. Identificava poucas letras do alfabeto, não reconhecia todas as letras do próprio nome. Nas aulas de Educação Artística demonstrou pouca atenção e concentração diante de situações que surgiram em jogos dramatizados. Obedecia em parte as regras dos jogos. As suas produções orais eram boas e até certo ponto coerentes. Na Matemática reconhecia os números, mas não estabelecia relação de quantidade, nem fazia leitura da 3ª ordem. Realiza operações de adição e subtração. Nas atividades escritas, necessitava do acompanhamento do professor. Demonstrava dificuldades para realizar as atividades de casa. Esse aluno foi encaminhado ao Conselho Tutelar porque o mesmo mostrava-se desinteressado e distraído durante as aulas. Brincava por muito tempo, brigava por qualquer motivo, provocando os colegas em sala de aula. Era desorganizado, não trazia material adequado para as aulas. Ele estudava no turno da manhã, não era pontual, não tinha limites em relação ao horário de dormir, levantar, hábitos alimentares, higiene e estudo. Nesse ano o Conselho de Classe transferiu o aluno para o turno da tarde, na expectativa de melhorar o aproveitamento, principalmente para chegar no horário. Carlos continuou apresentando dificuldades para produzir textos escritos, cometia erros ortográficos, além de troca, omissões de letra e segmentação indevida. O aluno foi atendido na intervenção por duas professoras que trabalhavam com oito alunos do 8º ano que apresentavam problemas no processo de alfabetização. Carlos, assim como os colegas desse agrupamento avançou muito em relação à aquisição da base alfabética, chegando ao final do ano lendo, mesmo que lentamente. Os problemas em relação à escrita continuaram, uma vez que o atendimento privilegiou a leitura, demandando continuidade do trabalho no ano seguinte. Na última etapa escolar, o aluno passou a ter novamente um comportamento ruim, brigava muito com os colegas e faltava muito às aulas. Apresentou dificuldades de compreensão dos trabalhos, não conseguindo mesmo com a intervenção do professor. Ao consultar fontes de pesquisa, revelou dificuldades para estabelecer relações entre a fonte de consulta e as informações estudadas. Quanto à construção de texto apresentou falta de coerência e coesão. A leitura voltou a ser lenta e silabada, não reconhecia sílabas complexas. Não compreendia nem interpretava o que lia. Após inúmeras intervenções, foi possível perceber no aluno interesse pelas atividades escolares. Passou a ser mais frequente, a participar oralmente das atividades, posicionando-se diante das questões. Observou-se que em Educação Física tinha dificuldades em seguir regras ou atividades lideradas. Em Matemática não sabia fazer as operações fundamentais com números inteiros. Em Língua Portuguesa e demais projetos não decodificava todas as palavras. Às vezes, não conseguia terminar de fazer um registro no caderno por falta de concentração e organização. (Estudo de Caso, Carlos, 9º ano, EMAM)

Os estudos de casos realizados pelos professores da EMAM revelaram a adoção de procedimentos para o trabalho com a avaliação formativa. Trata-se de relatórios elaborados pelos professores sobre o processo de formação dos alunos. No caso em estudo, o professor registrava periodicamente diversos aspectos da ação educativa e do desenvolvimento de seus alunos (observações dos alunos, das suas intervenções, do andamento do processo educativo, entre outros). Assim sendo, o estudo de caso foi um importante instrumento de interlocução entre os professores da escola, quando se realizava um trabalho coletivo.

Diante desses casos concretos, que eram sem dúvida desafiantes para o trabalho da escola, os docentes propuseram alguns encaminhamentos tendo em vista uma intervenção mais efetiva, a saber: estabelecimento de parcerias com órgãos e entidades competentes; maior investimento na formação em serviço dos professores, com a promoção de debates, discussões, assembleias; elaboração de propostas a serem encaminhadas à Secretaria de Educação com o objetivo de tornarem-se políticas públicas para a inclusão de alunos.

Os docentes revelaram ainda alguns desafios: reavaliar e reformular constantemente a ação pedagógica a fim de garantir direitos básicos, como: acesso à escola, permanência na escola pública dos filhos dos trabalhadores; adequação do espaço físico da escola de acordo com as necessidades dos alunos; e construção de uma cultura social preparada para trabalhar com as diferenças.

No caso da EMAM, observei que ela se envolvia com os aspectos sociais, éticos, cognitivos, revelando abertura e solidariedade para a construção de uma escola inclusiva. Percebi que os professores estavam interessados na construção da convivência e da interação social, do exercício da cidadania, respeitando sempre as potencialidades e as diferenças individuais. De modo geral, acreditavam na proposta inclusiva, que requer diálogo, criticidade e cooperação. Também reconheciam os inúmeros desafios que tinham que enfrentar. Defendiam, portanto, uma nova dinâmica político-econômica, em que a força dos aparelhos do Estado propiciasse manutenção, proteção, recuperação e valorização da vida com dignidade no espaço escolar.

Com relação ao nível de apreensão dos conteúdos pelos alunos, participando de discussões, durante o período em que estive na EMAM, tomei conhecimento dos problemas de aprendizagem apresentados pelos alunos. Assim, durante esses encontros, os professores discutiram sobre as metodologias utilizadas para o ensino dos alunos nos ciclos iniciais, ou mesmo no 3º ciclo, refletiram sobre as formas de propiciar o acesso deles aos meios de comunicação e tecnologias que pudessem melhorar suas condições de aprendizagem, enfim, eles questionaram os meios que a escola utilizava para garantir-lhes a aprendizagem efetiva.

Também assisti a momentos de reflexão da prática pedagógica em conselho de classe, quando os professores se posicionavam como mediadores entre o objeto e o sujeito do conhecimento. Portanto, concordo com Moyses, quando diz que, para ser um facilitador, o professor tem de assumir atitudes de descobrir o que o aluno já sabe, organizar, de forma coerente e articulada, o conteúdo a ser reconstruído, "criar condições para que ele possa passar do particular para o geral e deste para aquele, de tal forma que ele próprio reconstrua seu conhecimento" (MOYSÉS, 1995, p. 22).

Nessa direção, os professores da EMAM, nas atividades de intervenção, revelaram preocupações com a socialização do aluno, com a reconstrução do conhecimento sistematizado historicamente construído, realizaram mudanças nos agrupamentos dos alunos porque questionavam muitas vezes a organização escolar, incluindo a sala de aula. A propósito, também participei de atividades em que os professores questionaram os critérios de avaliação para definir o lugar do aluno, estivesse no agrupamento X ou Y. Quanto à opinião dos alunos acerca do projeto, foram enfáticos ao afirmar que nos projetos aprendiam mais, tinham de pesquisar e produzir por si mesmos e que havia mais variedade de situações: "Projeto tem mais coisas que na aula. Os professores tentam fazer melhor no projeto para a gente entender melhor [...]" (M. S. P, 8º ano, EMLF).

Havia, também, aqueles que preferiam aulas dentro de um conteúdo disciplinar específico:

> Ah, eu acho que não [...] na aula os professores vão estar explicando [...] você não entendeu eles vão estar explicando. No projeto nem sempre vai poder estar explicando do jeito que você vai ter que fazer [...] tem que fazer por si próprio [...] acho que aprendo mais fora do projeto [...]. (L. P. S, 7º ano, EMAM)

Entretanto, ficou evidente em ambas as escolas a preocupação dos professores em proporcionar aos seus alunos aprendizagem. Percebi, de fato, a intenção de construir um projeto educativo de qualidade e inclusivo por meio da intervenção. Em contrapartida, esse projeto trazia consigo uma mudança radical na estrutura dessas escolas. Por conseguinte, alguns conceitos foram revistos, como: a organização dos espaços-tempos escolares e dos ciclos de aprendizagem, a atribuição de carga horária ao professor, a concepção de educação inclusiva para as classes populares, a formação em serviço do professor para atuar no 3º ciclo e com projetos de trabalho, a concepção de avaliação formativa e a referência para o conhecimento escolar.

Além desse desafio, os professores enfrentavam, ainda, o problema da alfabetização. Os professores tinham consciência de que o domínio da alfabetização e do letramento eram indispensáveis para a conquista da cidadania. Por isso, temiam que o aluno concluísse o 3º ciclo, sem alcançar essa competência. Sabiam que era preciso tornar os alunos capazes de compreender o significado dessa aprendizagem para usá-la no cotidiano de forma a atender às exigências da própria sociedade. Em outras palavras, era preciso promover o letramento escolar.

Nesse ponto, vale lembrar, aqui, os ensinamentos de Soares (2000). A autora tem assessorado os professores nas discussões sobre os desafios do letramento e, portanto, defende que o ideal é alfabetizar letrando. O professor, por ser letrado, deve conhecer e avaliar as situações vividas pelo aluno para fazê-lo progredir. A meta do professor é fazer com que cada aluno se expresse a partir de seu jeito pessoal, revele características únicas, comporte-se de forma independente, tenha um ritmo de aprendizagem próprio, que não é igual ao de nenhum outro.

Preocupações dos professores sobre o letramento apareceram em diversos momentos. Merecem destaque, aqui, as reuniões do ciclo, acompanhadas por mim, nas quais o grupo de professores discutiu as formas de encaminhamento das atividades de intervenção.[15] As discussões eram sem-

[15] Os professores da EMAM reuniam-se semanalmente. Este tempo era reservado para reflexão, planejamento e avaliação do projeto pedagógico, envolvendo também o Projeto Intervenção.

pre precedidas de avaliações do processo de intervenção. Cada professor apresentava o andamento do trabalho em seu agrupamento, apontando os aspectos positivos, dificuldades, mudanças, sugestões de subsídios, entre outros. Assim, percebi que os professores no Projeto Intervenção estavam preocupados com as práticas sociais de leitura e de escrita. Isso significa, entre outras coisas: desenvolver um trabalho em que o aluno pudesse ter acesso a várias áreas de conhecimento; saber consultar não só o livro, mas outras fontes, como a internet; saber reconhecer e ler adequadamente diferentes gêneros de textos – narrativo, histórico, informativo, poema, editorial, artigo de revista, crônica, bula de remédio, classificado, cardápio, horário, entre outros. Cada um desses gêneros exigia um tipo de leitura diferente.

Portanto, saber ler e escrever significa dominar o sistema alfabético e ortográfico, e só se chega a isso pelo processo de alfabetização, que é mais especificamente tarefa do 1º ciclo, mas, obviamente, não se esgota nele. Fazer uso da leitura e da escrita significa exercer as práticas sociais em que leitura e escrita estejam presentes, com habilidades de interpretar, inferir, relacionar, avaliar, criticar diferentes tipos e gêneros de textos – e aí se chega pelo processo do letramento, que é tarefa de todos os ciclos e de todas as disciplinas. "O próprio alfabetizar deve ser um alfabetizar *letrando*, isto é, um ensinar-aprender a ler e a escrever em práticas sociais autênticas de leitura e de escrita" (SOARES, 2000, p. 11).

## 3.2 Um olhar sobre as práticas de intervenção como processo de inclusão vivido pelo coletivo da escola

Meu olhar sobre os professores das escolas pesquisadas mostrou que eles dedicavam tempo para compreender particularidades do aluno, suas necessidades e esforçavam-se em busca de ações que promovessem a aprendizagem. Nesse sentido, isso significava que, na sala de aula, alunos eram encarados segundo suas necessidades, daí tinham muito a desenvolver. Identificar essas diferenças e criar oportunidades para que todos cresçam é uma decisão importante para uma educação inclusiva. Os trabalhos em dupla, em pequenos grupos, praticados nas escolas pesquisadas, revelaram o quanto é importante incentivar o espírito de cooperação entre os alunos.

A observação do trabalho do aluno em sala de aula também foi apontada pelos professores na pesquisa como um instrumento muito importante para orientação do professor. Tarefas individuais, em dupla e em grupos, segundo os professores em estudo, ajudavam a conhecer o aluno. Nas tarefas individuais, o professor tomava conhecimento do que o aluno sabia. Nos trabalhos em grupos, além de investigação conceitual, foi possível perceber de que forma as ideias dos alunos eram aceitas na turma.

Nas tarefas em grupo, um aspecto positivo foi a escolha livre dos parceiros. Como observador, o professor captava as negociações, investigava se alguém foi excluído ou incluído e o que motivou tal atitude. No caso das escolas em estudo, as experiências de organização em grupos eram periodicamente alteradas com o objetivo de aumentar o intercâmbio dentro da sala de aula.

Já as tarefas em duplas foram consideradas muito ricas: por elas era possível detectar aspectos similares aos do trabalho em grupo, mas de forma mais minuciosa. Em dupla, outras qualidades dos alunos apareciam. O rodízio entre os pares foi adotado como um procedimento de socialização e troca de experiências. Os professores periodicamente davam retorno à turma a respeito do funcionamento do trabalho, avaliavam ações, contribuições e o que era preciso melhorar. Procuravam, também, criar condições para a avaliação e a autoavaliação dos alunos. Traçavam pequenas metas individuais, em dupla e em grupo, aliás procedimentos de avaliação formativa.

Quando mobilizados, os alunos aprendiam e recuperavam a capacidade de fazer planos. Saber que é capaz de aprender cria para o aluno a possibilidade de sonhar e projetar a vida. Com efeito, de modo geral, os alunos na Intervenção demonstraram à escola e a si mesmos que, com o apoio de processos pedagógicos e ações didáticas adequadas, poderiam prosseguir sua trajetória escolar sem interrupções.

Nessa intervenção pedagógica, buscou-se desenvolver um trabalho específico com os alunos do 3º ciclo que, em termos de habilidades e conhecimentos disciplinares, estavam distanciados de seus pares de idade, necessitando, assim, de um acompanhamento específico. Vale lembrar que não eram os professores que aceleravam a disciplina a ser dada, mas os alunos que, em consequência de toda experiência cultural que já possuíam, aprendiam de forma mais rápida.

Nesse contexto, os professores foram convencidos a mudar a forma de olhar esses alunos percebendo, pois, novas dimensões a serem exploradas em suas práticas. Considerando, então, a formação mais global desses adolescentes, os professores foram obrigados a sair do lugar do mestre que ensina e buscaram outro lugar – o do aprendiz, que indaga, que aprende. Considerando os alunos como adolescentes que eram, os professores saíram da sua condição de *mestres dos repetentes e fracos*, que infantilizavam a relação pedagógica, e passaram a experimentar um novo lugar – o de professor que dialogava com os alunos numa relação de troca. Nessa perspectiva, recuperava-se a autoimagem do aluno, recuperava-se a autoimagem do professor. Ambos tornaram-se, assim, novos sujeitos.

Com efeito, esses alunos exigiam dedicação dos professores, o que implicou a reorganização de espaços-tempos para oferecer projetos educativos para o 3º ciclo de formação.

Sintonizado com essa concepção, Sousa afirma:

> A exclusão escolar é a não-educação. Educar é incluir. E incluir o aluno no processo de escolarização, é dar acesso ao aluno ao exercício de sua cidadania, e, consequentemente, oferecer ao cidadão condições de inclusão social, de participação social e política na sociedade. (SOUSA, 1999, p. 93)

Propor ações de reintegração do aluno, ou seja, organizar práticas educativas inclusivas legitima e respalda o papel da escola em defesa da educação. Portanto, a intervenção é uma prática inclusiva e formativa, que permite a integração ou reintegração de alunos excluídos da escola no processo de escolarização regular.

Também nessa direção, Sassaki (1997) lembra que a inclusão como um processo definitivo que envolve a transformação da escola e do sistema de ensino é pré-requisito para que os alunos das camadas populares encontrem espaço para desenvolver sua cidadania. A inclusão social é não só uma meta educacional, mas também um valor social.

Para o efetivo processo de inclusão, os alunos das escolas pesquisadas no cotidiano escolar foram assumidos pelo coletivo do ciclo. Nesse sentido, a intervenção, ocorrendo em turmas regulares, assumida pelo coletivo do ciclo, provocou mudanças significativas nos mecanismos e nas práticas da organização escolar. Essa inclusão é que revelou o compromisso dos professores com a democratização no cotidiano escolar.

Com a pesquisa, pude constatar que a intervenção propõe resgatar a autoestima do aluno que, em decorrência de reprovações ou de evasão escolar, se encontra em atraso em relação à escolaridade regular, possibilitando-lhe oportunidades de aprendizagem e de desenvolvimento de habilidades necessárias à sua reintegração. Nesse sentido, a intervenção tem como princípio teórico-metodológico a visão positiva das possibilidades dos alunos e aposta nos processos formadores dos educandos.

Daí, o trabalho a ser realizado na sala de aula desenvolve-se de maneira intencional e flexível, mobilizando o aluno à participação e ao pensamento criativo, e possibilita a melhoria de sua autoestima e autoconfiança. Trata-se, portanto, de um trabalho dinâmico, centrado em interações construtivas entre professor, aluno e conhecimento, considerando-se ainda que o repertório de conhecimentos que os alunos já trazem é ponto de partida fundamental para o êxito do trabalho.

Prosseguindo a análise das práticas de intervenções nas escolas pesquisadas, as relações construídas entre professor e alunos foram, em geral, positivas. Nas turmas em que os professores eram frequentes, empenhados e teciam um trabalho coletivo, o desempenho dos alunos foi bom. Portanto, os alunos realizavam as atividades num clima de tranquilidade e respeito mútuo. Com isso, demonstraram ter desenvolvido organização adequada para a efetivação do trabalho escolar e autonomia na realização das tarefas. Os agrupamentos cujos professores faltavam às aulas, entretanto, mostravam-se desintegrados e pouco envolvidos com as atividades, os alunos ficaram aquém do esperado e, muitas vezes, desinteressados, descrentes com as atividades escolares. Por isso, muitas vezes, foram considerados indisciplinados.

As observações feitas nas escolas e os depoimentos dos entrevistados levaram-me também a concluir que um professor reflexivo, disposto a trabalhar no coletivo e a aprender constituía um fator importante para o sucesso do projeto. Considerando as características desses adolescentes, um dos desafios da intervenção é a promoção de atividades que os ajudem a passar por experiências de resgate da autoestima,[16] voltando a acreditar na sua capacidade de aprender.

Além desses resultados, observei, ainda, que a prática dos professores, de modo geral, provocou mudanças e crescimento em um número significativo de alunos, como: desenvolvimento de atitudes adequadas, refletindo mudanças na realização das tarefas escolares; movimentação de forma organizada no espaço da sala de aula; desenvolvimento dos trabalhos com interesse e autonomia; demonstração de respeito e cooperação tanto em relação aos colegas quanto em relação aos professores. Esses comportamentos são fundamentais para que ocorra aprendizagem.

Concluo, portanto, que, ao recuperar a trajetória dos alunos com relação às suas diferenças de aprendizagem, os professores não apenas buscavam atender à reintegração deles no sistema escolar, levando-os a superar rótulos e estigmas que carregavam consigo, mas também garantir-lhes direito de usufruir de um ensino de qualidade. Obter esse ensino não é apenas obter sucesso e rendimento escolar, mais do que isso, é acreditar-se capaz de obter sucesso, capaz de enfrentar situações escolares e não escolares com confiança, com iniciativa, cooperando com seu próprio desenvolvimento e participando do desenvolvimento social. Na interação sujeito e conhecimento, intervêm, de maneira importante, os significados que o aluno atribui a essa interação e a percepção que ele tem das possibilidades de que esse conhecimento passe a ter sua marca.

---

[16] A autoestima é uma característica humana difícil de ser estudada e avaliada, dada a complexidade das inter-relações que atuam na sua construção e transformação. É algo adquirido durante o intermédio das relações interpessoais e fator condicionado do comportamento do indivíduo. Será efetivada pela aceitação ou rejeição de que o indivíduo goza entre seus pares e entre aqueles com quem convive. Além disso, a posição que cada um ocupa no grupo está relacionada com o rendimento de cada membro do grupo. Sendo assim, há que se considerar as influências exercidas pelo professor, pelo grupo de pares e pelo ambiente da escola no desenvolvimento da autoestima dos alunos. Quando esses sentimentos e pensamentos são positivos, diz-se que a pessoa tem alta autoestima. "Quando são negativos, isto é, a pessoa não se valoriza, não se acha capaz de realizações ou de alcançar sucesso, não se sente confiante para agir ou arriscar-se, diz-se que tem baixa auto-estima. Esses pensamentos e sentimentos se referem a várias dimensões da personalidade da pessoa e estão na base das ações que ela realiza no seu meio e nas relações que estabeleceu consigo mesmo e com outras pessoas" (PLACCO; ANDRÉ; ALMEIDA, 1999, p. 63-64).

Assim, ao lado de atividades mobilizadoras, ricas, diversificadas e relacionadas com o conhecimento, com as oportunidades de diálogo, de expressão, de interação grupal e de avaliação formativa, a intervenção objetivava também o desenvolvimento da autoestima dos alunos.

## 3.3 A organização de um trabalho de intervenção em processo: viabilizando novas ações didáticas

Os encontros e avaliações realizados pelos professores da EMLF sobre a Turma Projeto culminaram com a alteração do projeto. Diante dessa realidade, mesmo enfrentando resistências de alguns docentes, os professores mobilizaram-se na busca de outros procedimentos. Assim, a EMLF reestruturou o trabalho de atendimento aos alunos do 3º ciclo. O PPP, em vigor alterou as condições de funcionamento da Turma Projeto. Os professores passaram a adotar outra proposta – a do Projeto Intervenção – em expansão na rede, em turmas regulares conservando agrupamentos de 4 a 5 professores, tendo em vista maior sintonia e articulação entre eles. O relato apresentado a seguir aponta os elementos que possam contribuir efetivamente para a aprendizagem dos alunos, de acordo com a proposta de reformulação dos professores:

> Sobre o projeto intervenção avaliamos que será importante garantir adequação dos conteúdos e atividades no nível de aprendizagem dos alunos; reunião semanal com o grupo de professores para relato de experiências e confecção de material didático; mudança nos procedimentos pedagógicos, quando necessário; intervenções constantes, envolvendo a família, com registro em atas. O objetivo é avaliar o processo. (Prof. Pedro, Português e Inglês, 7º ano, EMLF)

Com efeito, a nova estrutura do Projeto Intervenção propôs reagrupar, em determinados horários, ao longo da semana, alunos que apresentavam dificuldades semelhantes no processo de aprendizagem. No 3º ciclo, a mudança do modelo Turma Projeto para Projeto Intervenção desagradou alguns professores, uma vez que, em suas avaliações, o modelo anterior atendia às necessidades dos alunos e possibilitava bons resultados no trabalho. O comentário desta professora atesta isso:

> O Projeto Turma tem dado certo. Percebemos aumento da autoestima, maior participação nas atividades coletivas da escola, a timidez aos poucos está sendo superada por parte de alguns alunos, percebemos maior integração, amizade e solidariedade entre eles e grande parte das dificuldades foram superadas. (Profa. Mara e profa. Marta, Turma Projeto, 8º ano, EMLF)

Uma das professoras de outra dupla considerada bem-sucedida no desenvolvimento da Turma Projeto ainda destacou:

> Nós temos a prática de conversar com os alunos mostrando a eles a importância do ensino, realizamos conselhos de classe com a presença de pais, alunos e professores. Juntos discutimos sobre o desempenho do aluno, das atitudes que esperamos em sala de aula, enfim, da sua vida escolar. Apresentamos também a proposta de trabalho da equipe docente e o que foi possível trabalhar na etapa. Como ficamos um bom tempo com eles, nós conhecemos nossos alunos. (Profa. Hilda, Turma Projeto, 9º ano, EMLF)

E sua colega de agrupamento ainda acrescentou:

> Com relação às atividades propostas para vencer as dificuldades, fazemos um atendimento individualizado. O aluno refaz com o nosso apoio as atividades até que consiga compreender o processo. (Profa. Sofia, Turma Projeto, 8º ano, EMLF)

Já os que discordavam da mudança afirmaram:

> Não temos nenhuma proposta de reformulação, pois a Turma Projeto atende aqueles alunos que não tiveram condições de aprender o que deveriam ter aprendido no tempo certo. Achamos que se todos os alunos realmente tivessem mais interesse, compromisso, responsabilidade, o projeto teria um sucesso maior. (Profa. Hilda e profa. Sofia, Turma Projeto, 9º ano, EMLF)

Chamo a atenção do leitor para o impasse vivido nessa escola quando da transformação da Turma Projeto em turmas regulares com Projeto Intervenção. Os professores favoráveis à continuidade do projeto faziam parte do grupo que se revelava bem-sucedido na prática. Estavam sintonizados no coletivo do agrupamento, eram respeitados e ouvidos pelos alunos, mostravam interesse em rever sua proposta de trabalho e progredir. Porém, alguns agrupamentos do 8º ano do 3º ciclo causavam preocupação. Alguns professores faltavam, com frequência, às aulas, expressavam certa descrença pelo trabalho, foram inclusive criticados pelos alunos no grupo focal. Além disso, provocavam sobrecarga de trabalho aos professores assíduos na escola. Após discussões e avaliações, os professores decidiram pela mudança. Assim, todas as turmas passaram a ser regulares e a proposta de intervenção foi articulada sob outros moldes.

Observei que, mesmo em meio à insegurança, resistência diante do novo, a discussão do projeto possibilitou aos professores reflexões sobre novas intervenções pedagógicas, bem como a busca de alternativas diferenciadas para enfrentamento e superação dos desafios do dia a dia, como: a infrequência dos alunos, os níveis de desempenho diferenciados, a falta de oportunidades culturais da clientela e a escassez de recursos. Nesse sentido, a experiência com a Turma Projeto preocupou os professores da escola, pois teriam de garantir as habilidades básicas correspondentes a cada ciclo de formação, e, ao mesmo tempo, socializar os alunos com os seus pares.

Quanto à EMAM, à época da pesquisa, seus professores já haviam optado pelo Projeto Intervenção como proposta assumida pelo coletivo de professores, centrada no atendimento pedagógico dos alunos com diferentes ritmos de aprendizagem. A partir da avaliação processual, das trocas de experiências entre os professores, dos conselhos de classe e das intenções educativas da escola, o projeto tornou-se uma construção com um recorte de experiências segundo o qual os alunos foram reagrupados, respeitando-se seus níveis e necessidades específicas de aprendizagem. O trabalho desenvolvido nesses espaços-tempos foi previamente planejado no coletivo, cada professor realizou as adaptações que considerava necessárias.

Conscientes de que apenas compreender a situação problemática de aprendizagem ou de dificuldades de relacionamento dos alunos não basta para induzir modificação nas interações ensino e aprendizagem, os professores definiram elaborar projetos concretos no fazer cotidiano da escola. Optaram por uma intervenção mediada pelo professor, formando agrupamentos diferenciados na tentativa de provocar mudanças no sistema de sala de aula como um todo, na rotina escolar. Entenderam que dessa forma a intervenção poderia interferir positivamente em espaços-tempos com grupos diferenciados. Ao atenderem aos alunos em suas necessidades, criaram alternativas para a construção de novos conhecimentos sobre a prática pedagógica, chegando à solução dos problemas e desafios que enfrentavam no trabalho, dada a diversidade e os diferentes ritmos de aprendizagem.

Afinal, definidas as demandas dos alunos, os professores discutiram as mudanças necessárias no coletivo. E, a partir daí, construíram espaços e tempos alternativos e modalidades de intervenções. A escola definiu continuar priorizando as competências da língua e da matemática, atendendo não apenas aos alunos com diferentes níveis de aprendizagem, mas também àqueles que avançavam rapidamente em seus processos de construção do conhecimento necessitando, pois, prosseguir em seus ritmos próprios de aprendizagem. Em muitas ocasiões, esses alunos atuaram como monitores.

O trabalho desenvolvido por esses professores me leva a concluir que eles são, sem dúvida, facilitadores, contribuem para que o adolescente, nessa idade de formação, desenvolva suas características e dimensões formadoras: sociocultural, afetiva/emocional, corporal e cognitiva, não só para ser bem-sucedido na escola, mas para exercer a cidadania no seu contexto cultural. Aliás, a vivência da cidadania já começou na escola e em casa e nos diversos espaços-tempos de suas relações. Assim, observei que, ao estabelecer rotinas diárias, organizar atividades interessantes, criar procedimentos de investigação que provoquem expectativas e envolvimento, o professor mobiliza o aluno a aprender, apesar do nível de aprendizagem em que se encontra, conscientizando-o de que ela está ao seu alcance e que ele é capaz de alcançar seus objetivos.

Ressalto, ainda, que o acompanhamento das Turmas Projeto e do Projeto Intervenção possibilitou-me o contato com alunos que apresentavam diferenças de aprendizagem. Esses alunos necessitavam de ensino diferenciado, um professor que os compreendesse e os ajudasse a estabelecer perspectivas realistas para o trabalho escolar. Chamou-me a atenção nesse projeto, da parte de alguns professores, a persistência, a criatividade e a preocupação com o bom desempenho dos alunos ante as intervenções pedagógicas; da parte dos alunos, alterações significativas, o bom desempenho de alguns adolescentes, superando suas dificuldades, e, acima de tudo, o esforço para a socialização entre os pares.

Os estudos de Perrenoud, que vem atuando no campo do currículo, das ciências escolares e das instituições de formação, trazem análises sobre o processo de fabricação da excelência escolar. Ele mostra como o modo de funcionamento da instituição escolar pode transformar as desigualdades socioculturais dos alunos em desigualdades escolares. Propõe a construção de uma pedagogia diferenciada que possa contribuir para a construção de práticas de intervenção que atenuem ou mesmo eliminem o fracasso escolar.

Assim, Perrenoud, em sua abordagem sociológica sobre as questões educacionais e suas preocupações com os mecanismos de fabricação das desigualdades e do fracasso escolar, aproxima-se muito das preocupações ouvidas pelos professores dos projetos citados e busca caminhos para um ensino que possibilite a otimização da aprendizagem. "Diferenciar o ensino é organizar as interações e atividades de modo que cada aluno se defronte constantemente com situações didáticas que lhe sejam as mais fecundas", diz Perrenoud (1995, p. 28).

Também André (2001) ressalta que a diferenciação não é um método que se aplica a um nível ou conteúdo; é uma proposta muito ampla que envolve o acompanhamento individualizado dos processos e percursos de aprendizagem. É, portanto, um empreendimento coletivo, de longo prazo, que vai exigir grande investigação sobre atividades e situações de aprendizagem que sejam significativas e mobilizadoras, levando em conta as diferenças pessoais e culturais dos alunos.

Assim, ao consultar esses autores, relaciono intervenção com diferenciação do ensino tendo em vista o trabalho em que se distinguem níveis diferenciados dos alunos. Os depoimentos dos professores revelaram inúmeros desafios. Assim, há alunos adolescentes nem sempre cooperadores, trabalhadores, simpáticos, bem-educados. Diferenciar é enfrentar, com criatividade, momentos de tensão com alunos rebeldes à aprendizagem, às vezes desanimados, desinteressados revelando mesmo preocupações de âmbitos familiares.

Do exposto, concluo que, mesmo sem usar terminologias como *ensino diferenciado*, *pedagogia diferenciada*, a maioria dos professores pesquisados é partidária dessa pedagogia diferenciada, cujo fundamento é mobilizar adolescentes em sua trajetória escolar. Para tanto, os professores dedicavam tempo a eles, mostravam-se mais pacientes ou provisoriamente menos exigentes, para permitirem que eles progredissem, passassem a confiar neles próprios, a desenvolver sua autoestima e, o mais importante, criavam no coletivo da escola procedimentos para atendê-los em seus diferentes níveis de aprendizagem.

Em última análise, ao acompanhar o trabalho de intervenção nas escolas, constatei que esses professores sabiam, pela experiência própria, que esses adolescentes eram sujeitos que viviam um tempo rico de significados. Eram diferentes, não tinham os mesmos interesses, não aprendiam no mesmo ritmo, não recebiam do meio do qual provinham capital linguístico e cultural (BOURDIEU, 1998), e aqueles da mesma idade não tinham o mesmo nível de desenvolvimento intelectual, nem todos eram ajudados e apoiados pela família. Portanto, com o mesmo ensino, não poderiam adquirir, ao mesmo tempo, as mesmas aprendizagens. Com o mesmo ensino a todos não preveniriam o fracasso escolar, e sim agravariam ainda mais as desigualdades iniciais. Portanto, apostaram numa prática diferenciada de ensino.

Posto isso, a prática desses professores me ajudou a entender a intervenção e a diferenciação do ensino. Assim, diferenciar é participar de uma nova tessitura na gestão dos recursos: concepções, sentidos, significados, interações formativas, espaços-tempos coletivos, projetos etc. Nessa tessitura, os professores sentem-se confirmados, interligados em um projeto de múltiplos fios e desafios.

Durante as observações participantes, percebi que os professores refletiam sobre as atividades, conteúdos, organização dos espaços-tempos para os adolescentes da escola tendo em vista a construção de identidades, valores e saberes. Outro ponto que mereceu destaque é que esse trabalho contribuiu para a reconstrução do currículo e, consequentemente, mobilizou os professores para a viabilização de processos pedagógicos e novas ações didáticas. Essas ações eram assumidas por uma equipe pedagógica que compartilhava os desafios do trabalho, esforçava-se na busca de procedimentos de intervenção que atendessem à multiplicidade de visões dos alunos partilhando experiências, mas também dilemas, inseguranças, frustrações.

Observei que as dinâmicas de colaboração estabelecidas pelos professores, ou melhor, a prática do trabalho coletivo demandou diversificação dos itinerários formativos o que significou criar situações, espaços-tempos em que os professores trabalhassem juntos mais regularmente, procurando chegar a um acordo, não só sobre objetivos e conteúdos, mas sobre os modos de gestão das aprendizagens, sobre os dispositivos didáticos, as formas de avaliação, de definição de combinados coletivos etc.

Ao adotar percursos individualizados, construir projetos, criar procedimentos de intervenção, os professores favoreciam uma *transposição didática*[17] que respeitava nível diferenciado do aluno, suas necessidades, seu projeto de formação, seu ritmo de progressão, sua forma de apropriar-se dos conhecimentos, enfim, sua forma de relacionar. Portanto, essa nova prática pedagógica exigiu novos referenciais para pensar, para o 3º ciclo, processos pedagógicos formativos.

Assim, a intervenção na formação e as práticas diferenciadas envolveram necessariamente os professores do ciclo que, nessa trama de relações, são sujeitos importantes na composição da tessitura pedagógica plural e diferenciada. Trata-se de uma perspectiva em processo de construção.

---

[17] A noção de transposição didática designa o conjunto das transformações sofridas pelos conteúdos culturais em seu processo de escolarização, da elaboração dos programas às escolhas do professor. Na cadeia de transposição didática, os saberes são transformados porque é indispensável, para ensiná-los e avaliá-los, dividir o trabalho entre os professores, organizar planos e metas de formação e gerenciar progressões (CHEVALLARD, 1985, 1991).

Capítulo 4

# TESSITURAS DOCENTES DE AVALIAÇÃO E FORMAÇÃO NO COTIDIANO DO TRABALHO ESCOLAR

*Fazer da escola não apenas o lugar da qualificação, do treinamento, mas o lugar da formação. E restaurar em sua ação cotidiana a articulação entre a alegria dionisíaca e a sisudez do espírito apolíneo. Creio que isto significa fazer a escola retornar a seu futuro.*
(RODRIGUES, 1999, p. 30)

As experiências de formação vivenciadas pelos professores no cotidiano das escolas constituem o tema deste capítulo. Neste sentido, a escola se destaca como lócus privilegiado para essa capacitação. Assim sendo, destacarei aqui alguns autores considerados referência sobre formação de professores, como: Shulman (1986), Zeichner (1990, 1993, 2000), Tardif (2002), Nóvoa (1992, 1995), Schön (1992, 2000), Teixeira (1998, 2000) e Arroyo (2000, 2001). Meu objetivo é, a partir dos saberes oriundos da experiência dos professores no cotidiano escolar, vislumbrar algumas perspectivas para a formação em serviço[18] dos docentes.

[18] Neste livro, denomino formação em serviço ou formação continuada um tipo de formação não acadêmica, posto que realizada no cotidiano da escola, no dia a dia do trabalho docente, isto é, essa formação acontece nos espaços-tempos do cotidiano do trabalho dos professores nas escolas. Assim, a formação a que me refiro é aquela que consiste em

O repensar da ação docente acontece em diversos espaços-tempos. Merece destaque, aqui, o espaço da formação no cotidiano do trabalho escolar. No meu entender, ele se revela como condição favorável à prática de avaliação formativa e, consequentemente, ao ensino diferenciado.

Todavia essa afirmação me conduz à reflexão de algumas questões: a qualidade da prática de avaliação relaciona-se com a formação dos professores? Os espaços-tempos coletivos dos professores interferem no seu jeito de avaliar e ensinar?

Neste mundo complexo e de profundas transformações, também se tornam mais complexas as práticas educativas e, consequentemente, é inquestionável uma nova forma de organização do trabalho das escolas e dos processos de organização dos professores.

Nesse sentido, não só a adoção de uma prática de avaliação formativa, como também a de uma pedagogia diferenciada supõem a adesão dos professores, como também um processo de formação docente no cotidiano do trabalho. Inseridos nesse espaço formador, os professores atuavam como sujeitos socioculturais.[19] A propósito, no dizer de Teixeira (2000), os professores são protagonistas de passados e presentes enredos, de próximas e distantes memórias, vivem distintos percursos e experiências, inseridos nas estruturas e processos históricos mais amplos da formação social brasileira. "Como todos os fenômenos e realidades sócio-históricas, ou como

---

propostas voltadas para a qualificação do docente, tendo em vista as possibilidades de melhoria de sua prática pelo domínio de conhecimentos e de métodos de seu campo de trabalho. Esses conteúdos podem estar relacionados com a superação de problemas ou de lacunas na prática docente, ou promovendo a introdução de um novo repertório de conhecimentos de natureza teórica ou prática, decorrentes da produção de novos saberes nas diferentes áreas do conhecimento. Enquanto, no primeiro caso, o objetivo principal é sanar diferentes tipos de demandas diagnosticadas na prática docente, no segundo caso, trata-se, sobretudo, de atualizar o professor.

[19] Sujeitos socioculturais são também seres concretos e plurais. Têm desejos, projetos e atribuem variadas significações às suas experiências e ao mundo. Para entendê-los, é necessário considerar esses seus atributos, sejam eles adscritos ou adquiridos, pois tudo isto matiza sua existência e condição. Seu fazer e pensar, seus saberes e representações não emergem no vazio, mas em espaços macro e microssociais, fluentes em tempos históricos. Realidades fundadas em dimensões materiais e simbólicas construídas nas práticas instituídas e instituintes de sujeitos individuais e coletivos. Vivenciam experiências tecidas no mundo marcadas pela temporalidade (TEIXEIRA, 2000).

tudo o que é humano, os professores são um *dado-dando-se*, qual seja, ser professor é estar sempre se fazendo, num permanente constituir-se" (TEIXEIRA, 2000, p. 71). Assim, novos projetos obterão sucessos se os professores exercerem autonomia em seu trabalho, por meio de uma relação dialogal na escola, e, também, se forem garantidos espaços para definição coletiva do trabalho pedagógico.

Nesse raciocínio, a construção de novas práticas não ocorrerá sem trabalho intenso de cooperação e de inovação, o que requer uma ruptura com o individualismo e a rotina. E o reconhecimento do trabalho docente se dá oferecendo-lhe, condições de trabalho, meios de ensino e de inovação, além de reconhecimento simbólico, consideração, confiança e valorização. Avançando o raciocínio, o fracasso escolar se enfrenta garantindo a profissionalização e melhorando o nível de formação dos professores.

A nova forma de atuação pedagógica exige dos profissionais da educação postura de engajamento, crença na possibilidade de aprendizagem dos alunos. Dentro desse contexto, é necessário o desenvolvimento de políticas de formação permanente, capazes de promover adequada atualização dos princípios teóricos e metodológicos, lembrando que os professores se encontram numa situação de aprendizes desses novos pressupostos (GOMES, 2003, 2005).

Com efeito, constatei a necessidade de se investir em propostas de formação em serviço que mobilizassem os professores na reconstrução de alternativas coerentes com os pressupostos teóricos da concepção formativa. Isso significa garantir uma formação mais ampla e de qualidade aos professores, que inclua, como tópicos a serem desenvolvidos: a criatividade, a solidariedade social, o reconhecimento da diversidade cultural, entre outros. Assim, professores que estivessem envolvidos nas tessituras do ensinar e do aprender, motivados pelo trabalho coletivo, teriam espaço para revelar, no cotidiano do fazer escolar, desejos, utopias e experiências que, sem dúvida, poderão trazer contribuições para o enfrentamento dos desafios escolares no campo da aprendizagem.

Assim, concordo com Rodrigues (1999, p. 30), quando afirma que é preciso "fazer da escola um lugar de formação". Para tanto, faz-se necessário, entre outras condições, recriar os espaços-tempos da escola para que os docentes sejam protagonistas de novas práticas, de novas tessituras de avaliação nesses espaços.

## 4.1 Tessituras docentes nos espaços-tempos de avaliação e formação

A educação brasileira vem enfrentando vários problemas. Um deles diz respeito à formação de docentes que tem constituído um desafio para os pesquisadores e gestores de políticas públicas educacionais. Atuando nesse campo, Corrêa e Souza (2001) afirmam que a expansão do acesso à educação, principalmente ao Ensino Fundamental, provocou ampliação das redes de ensino e, consequentemente, a demanda por melhores condições de trabalho do professor, o que inclui uma formação prévia e contínua adequada ao exercício profissional.

Entendo que, quando uma escola opta pela formação docente no cotidiano do trabalho, ela está compromissada com um processo contínuo e dinâmico, envolvendo cooperação pedagógica entre professores e coordenadores, contando, ainda, com assessoria que funcione como interlocução, com vistas à aplicação prático-social, cujo objetivo é elevar o nível de atuação profissional e de ensino escolar.

Nos últimos anos, tem se expandido o número de escolas desenvolvendo projeto de formação docente no cotidiano do trabalho escolar tendo, como uma das principais metas, a diminuição do fracasso escolar. Assim, atividades formativas para professores e coordenadores pedagógicos têm sido implementadas. Tal procedimento é enfatizado por alguns autores que veem a escola como lócus para a formação do professor em serviço (KRAMER, 1989, 1992, 1995; MENDONÇA, 1991; e MEDIANO, 1992).

Verifiquei que a formação continuada dos professores, no que se refere aos aspectos inovadores da proposta, confrontava-se com uma série de obstáculos que exigiam vontade política para sua superação, atuação de um profissional capaz de trabalhar no coletivo e interdisciplinarmente, desenvolvimento de projetos, além da formação de um pesquisador, crítico e reflexivo.

Os documentos das escolas, registros e memória dos professores em seus espaços-tempos de formação atestam que o trabalho de formação no processo de trabalho surgiu, basicamente, para atender a necessidade de preparar o professor para enfrentar os desafios da prática.

Eis o que relata este trecho de um documento da EMAM:

> [...] Este registro tem o objetivo de sistematizar as diversas ações e reflexões a respeito do projeto de formação de educadores em construção pelos professores da EMAM. Gostaríamos de enfatizar que estamos inseridos num contexto de experiência pedagógica buscando a construção da autonomia dos educadores em seus processos de formação, criando novas práticas de ensino e aprendizagem e pensando novas formas de construção curricular e produção de conhecimentos. As experiências aqui relatadas são o testemunho do diálogo entre os grupos de professores dos turnos da manhã e da tarde, numa iniciativa de pesquisar a própria prática, numa caminhada e tentativa de construção dos princípios de uma nova escola. (Projeto de Formação, EMAM)

Também este trecho do Projeto Político Pedagógico (PPP) da EMLF no item 10 trata da formação docente:

> [...] A formação do corpo docente será feita prioritariamente dentro da escola, com a participação de todos os professores. Essa formação deverá considerar a realidade do trabalho desenvolvido e as dificuldades e limites presentes no contexto da escola como também considerar as sugestões dos docentes no coletivo de seus respectivos ciclos. (PPP, Princípios para a formação de professores, EMLF)

Com efeito, também os documentos pesquisados fazem referência à formação docente, defendendo a sua realização dentro da escola, prioritariamente, com a participação de todos os professores. Aprovaram, também, investimento na formação em serviço para todos os professores a partir da realidade dos ciclos e necessidades dos alunos.

Os professores iniciaram a experiência se perguntando sobre o que gostariam de tratar, apontando suas necessidades, dilemas, temas de interesse. Dos temas propostos, foram destacados o estudo da avaliação formativa e a intervenção pedagógica. No discurso de alguns professores, pode-se identificar o desejo de transformar a prática pedagógica. Implícito nos temas, estava presente o desejo de mudança, de confirmação de uma proposta construída, busca de novos caminhos, pois tinham certeza de que estavam no caminho certo.

Eis alguns depoimentos dos professores:

> Nós estamos pensando a nossa formação. Aproveitamos o tempo coletivo para discutir as questões que nos afligem. Não acho certo a regional preparar o projeto sem nos consultar. Temos as nossas demandas e elas são decididas no coletivo. (Prof. James, Geografia, 9º ano, EMAM)

> Na minha opinião, formação para alguns fora da escola não funciona. Esse professor tem a tarefa de repassar as contribuições para os colegas, mas não temos tempo suficiente para isso. Acredito na formação organizada na escola, quando todos estão juntos. Discutindo os problemas, definindo as prioridades. (Prof. Pedro, Português e Inglês, 7º ano, EMLF)

Isso permitiu que as escolas iniciassem um trabalho voltado para a relação teoria-prática, numa visão de unidade, como preconizam Candau e Lelis (1990, p. 55): "é indispensável que a teoria tenha nascido de uma prática real naqueles a quem se dirige, que seja tomada a consciência da prática ou, pelo menos, dos sentimentos que os animam e que eles gostariam de ver encarnados na prática".

De modo geral, os professores optaram pelo trabalho coletivo. Muito pouco era feito individualmente. O grupo era continuamente dividido em pequenos grupos de três ou quatro que, após algum tempo de trabalho, voltavam a se reunir com os demais. Nesse contexto, os professores aprenderam uns com os outros e construíram conhecimento. Isso exigiu algumas condições: adoção de procedimentos participativos e de diálogo em que o professor fosse ouvido, quer pelos colegas quer pelo assessor do encontro.

Coerentes com essa perspectiva, assim se posicionavam os professores:

> Temos trabalhado muito no sentido de priorizar no 3º ciclo algumas habilidades: leitura, escrita, comunicação, raciocínio lógico [...] Alguns alunos avançam. Outros nos preocupam. Precisamos de mais apoio. Defendo um serviço de rede que atenda os alunos em suas necessidades. (Profa. Vera, Língua Portuguesa, 8º ano, EMLF)

> Estamos preocupados com os alunos que estão concluindo o 3º ciclo e não atingiram os objetivos propostos. A intervenção tem que ser mais abrangente, extraturno. A intersetorialidade[20] ainda não funciona na Rede. Esses alunos precisariam de

[20] A Intersetorialidade entre as Políticas Públicas da área social (Conselhos, Posto de Saúde, Serviço de Assistência, Centros Culturais, Serviços de Segurança etc.) foi uma pro-

> continuidade e nós não temos condições de acompanhá-los. Alguns precisam até ficar mais tempo conosco. Como resolver isso? (Profa. Mara, Matemática, Ciências e Filosofia, 8º ano, EMLF)

Dentro dessa perspectiva, metodológica participativa e dialogal, às vezes, os professores desenvolviam procedimentos que pretendiam explorar com seus alunos. Tais ações eram importantes não só como fonte de crescimento, como também troca de experiência entre eles. Como diz Kramer (1989), ao entender que os mecanismos de formação de professores em serviço devem ser percebidos como prática social inevitavelmente coerente com a prática que se pretende implantar na sala de aula entre professores e alunos.

Ainda, ao longo dos encontros, os professores procuravam criar também um clima de confiança entre os participantes, manifestado pela coragem de expor suas experiências, seus dilemas, questionamentos. Enfim, compreendiam e vivenciavam o princípio de interação e reflexão. Assim, desenvolviam a autonomia, a criatividade conjugada à solidariedade entre eles.

Esses encontros davam aos professores a oportunidade de confrontar suas práticas e ideias, o que contribuiu para o crescimento profissional do grupo. Com base em procedimentos participativos, os professores adotaram uma pedagogia da pergunta, como preconizam Freire e Faundez (1985). Uma pergunta adequada, no momento certo, faz refletir e avançar no conhecimento.

Essa abordagem coletiva favoreceu a construção dos espaços-tempos de capacitação dos professores e, consequentemente, a sua capacidade de análise crítica. A observação dos professores em seus espaços-tempos de formação no cotidiano do trabalho, com a assessoria de professores doutores escolhidos por eles, permitiu concluir que a escola é, sem dúvida, o local por excelência para trabalhar a formação de professores em serviço, pois todos passam pelo mesmo processo, discutem as mesmas questões e se capacitam coletivamente para as transformações necessárias.

Os assessores escolhidos pelos professores para seu processo de capacitação faziam isso com muita propriedade. Além de serem profissionais

---

posta defendida pelos professores a fim de buscar maior articulação e resultados efetivos no trabalho junto à comunidade educativa.

com grande aceitação, eram vistos como profissionais que poderiam contribuir dialogando, provocando reflexões, ajudando-os a compreender as múltiplas tessituras do ensinar e do aprender.

Assim, um processo de capacitação no cotidiano do trabalho acontece efetivamente se, primeiramente, o coletivo explicitar seu desejo por ela, contar com uma direção comprometida com a transformação e disposta a acompanhar os professores nessa caminhada. Trata-se de um processo de articulação prática desses desafios no coletivo.

Dalben (1998) destacou a avaliação como um processo de formação do professor no trabalho. Apontou os inúmeros movimentos de reflexão/avaliação desencadeados pelos professores no coletivo. Reconheceu que todos os processos de reflexão das práticas pedagógicas e sobre as práticas, mais avançados ou não, favoreceram um processo de formação dos profissionais no seu próprio local de trabalho.

A esse respeito, na visão dessa autora, o professor, no espaço de trabalho, deve adquirir domínio das teorias pedagógicas sobre o processo de ensino e didática para desenvolver uma ação educativa compreensiva. Os textos a esse respeito são poucos e as orientações superficiais. "Embora a assessoria se empenhasse o tempo todo na formação do professor, a direção era, prioritariamente, na perspectiva do aluno como sujeito da aprendizagem, e quase nunca do professor, como sujeito da aprendizagem sobre a prática pedagógica e o processo de ensino" (DALBEN, 1998, p. 194).

Nessa direção, Veiga (2002) defende o exercício da profissão como referência da formação do professor. De acordo com a autora,

> O projeto pedagógico da formação, alicerçado na concepção do professor como agente social, deixa claro que é o exercício da profissão do magistério que constitui verdadeiramente a referência central tanto da formação inicial e continuada como da pesquisa em educação. Por isso, não há formação e prática pedagógica definitivas: há um processo de criação constante e infindável, necessariamente refletido e questionado, reconfigurado. (VEIGA, 2002, p. 85-86)

Centrados nesses princípios, os docentes acreditavam que a construção de um projeto de formação propiciava uma visão mais global dos processos pedagógicos vivenciados na escola. Além disso, ele possibilitava a elaboração de intenções educativas, podendo-se desenvolver, assim, um projeto de educação inclusiva.

Assim sendo, os professores estavam abertos à mudança e consideravam importante implementar na escola um processo de formação no cotidiano escolar. Percebi, pois, que o projeto de formação dos professores emergia das suas necessidades reais. Participando desses encontros de formação, observei que os projetos calcavam-se, fundamentalmente, na discussão dos desafios da prática pedagógica em busca de caminhos alternativos. Nessas reuniões, logo surgiu a necessidade de uma formação pedagógica mais consistente. Nas reflexões preliminares a esse respeito, foi pontuado que o principal problema no cotidiano da escola era a alfabetização dos alunos, na perspectiva do letramento. Este era o desafio que enfrentavam, pois os alunos, ao longo de sua trajetória escolar, apresentavam diferentes níveis de leitura e escrita.

Eis alguns depoimentos dos professores da EMAM:

> Hoje, nós vamos continuar as discussões sobre currículo e avaliação. Vamos tentar fechar as questões propostas no encontro anterior. Se der tempo a gente discute a proposta de Alfabetização no 3º ciclo. (Profa. Vera, Língua Portuguesa, 9º ano, EMAM)

> Nós estamos fazendo registros da nossa formação. Ela está sendo construída no coletivo. Dessa forma, o pessoal valoriza porque partiu da realidade da escola. Funciona muito mais. (Prof. Gildo, Matemática, 8º ano, EMAM)

> Eu resolvi participar do Alfaletra porque fui indicada pelo coletivo. Também estava interessada em aprender a lidar com esse aluno do 3º ciclo alfabetizando numa perspectiva do letramento, como defende a Magda Soares. Estou aprendendo muito e na medida do possível socializo as contribuições com meus colegas de ciclo. (Profa. Narla, História, 7º ciclo, EMAM)

E, ainda, os depoimentos dos professores da EMLF:

> Nós professores do 3º ciclo temos um grande desafio: aprender a alfabetizar, construir novas estratégias de intervenção para que nossos alunos desenvolvam e sejam letrados. Para isso, é fundamental garantir tempo para a formação em serviço. É ai que vamos buscar suporte para esse trabalho. (Profa. Marta, Português, Educação Artística e Filosofia, 8º ano, EMLF)

> Hoje a gente tinha que ler o texto do Arroyo, mas pelo jeito [...] e depois terminar de preencher as fichas dos alunos, vai ser difícil. Edna e Amélia faltaram de novo [...] (Profa. Isaura, Matemática e Filosofia, 7º ano, EMLF)

> Eu fico impressionada quando vejo a quantidade de questões para serem discutidas e encaminhadas [...] Vamos começar gente! Temos que decidir as próximas atividades do projeto do 3º ciclo e a reunião ainda não começou [...]. (Profa. Ivana, Português e Inglês, 7º ano, EMLF)

Esse trabalho vivenciado pelos docentes das escolas foi-se ampliando e aperfeiçoando, também ao decorrer da prática deles. Como eles mesmos afirmaram em alguns depoimentos, houve mudanças na prática e foi possível percebê-las no modo de atuarem em sala de aula, tais mudanças resultaram dessa postura reflexiva do professor. Desse modo, a ação dos docentes foi-se transformando a partir da prática, refletida e analisada. Outro procedimento também usado foi a da ação-reflexão-ação. Trata-se de um procedimento no qual uma prática é analisada, refletida, pensada e, a partir daí, uma nova prática é gerada. Ademais, a presença, o apoio, o diálogo dos assessores com o grupo de professores interferiu positivamente na condução do trabalho pedagógico e na formação do professor no cotidiano do trabalho.

Também a pesquisa do Grupo de Avaliação e Medidas Educacionais (GAME), ao tratar dos tempos de formação na escola, observou que não havia preparação do professor novato que entrava na rede ou do que era da rede, porém, oriundo de outra escola. Para esse professor, é preciso que haja programas de acolhimento elaborados pela própria escola. Outro aspecto apontado na pesquisa do GAME, que merece atenção, é a formação do coordenador pedagógico e da direção da escola. "Foi observado que quando existe sintonia de pensamento entre os membros dessa equipe eleita periodicamente, o trabalho transcorre de maneira construtiva. Quando isso não existe, inúmeros problemas surgem em contextos variados" (DALBEN, 2000, p. 75).

No que diz respeito à formação dos professores, a coordenação pedagógica tem um papel estratégico, portanto, no meu entendimento, não se pode restringi-la à substituição de profissionais faltosos. A esse respeito, os professores da EMLF afirmaram que elegeram um parceiro para compartilhar princípios educativos, conforme mostram os relatos destes professores:

> Eu penso que a coordenação pedagógica tem que estar liberada para dar suporte às questões pedagógicas do ciclo. Não pode se perder nos demais afazeres. A Elza é boa mas tem que priorizar mais o pedagógico. (Prof. Daniel, Matemática e Filosofia, 7º ano, EMLF)

> O professor que é escolhido para ser coordenador pedagógico tem que saber quais são as suas funções. Precisamos de alguém para dar suporte às questões pedagógicas. Pela nova organização, sabe o que a equipe de professores do ciclo espera dele: envolve atendimento do aluno, da família, suporte nas intervenções [...]. O problema é que às vezes isso não funciona. (Prof. Fábio, História e Geografia, 8º ano, EMLF)

Na análise do processo de formação também levo em conta o que diz Kramer (1989). A autora apresenta dois eixos para o trabalho do coordenador pedagógico na escola: organizar a formação em serviço em torno de temas relevantes ou diretamente sugeridos pelos professores; favorecer o acesso dos professores aos conhecimentos científicos em jogo nos diferentes temas, ultrapassando o senso comum. A autora ainda destaca o trabalho com "teorias que analisam o processo educativo de forma ampla (sociologia, antropologia, história, filosofia); estudos relacionados ao processo de construção; conhecimentos que tratam diretamente do tema em questão" (KRAMER, 1989, p. 203).

Os depoimentos dos professores defendem que o coordenador pedagógico seja um profissional parceiro, que ofereça suporte ao trabalho dos professores, coordene o trabalho apoiando-os e estimulando-os na busca de novas alternativas para os desafios da prática. Também implica coordenar o processo de formação, desenvolvido semanalmente, garantindo o aprofundamento, a reflexão teórica e a troca das experiências vividas pelos professores.

Coerente com a concepção presente neste trabalho, a pesquisa do GAME também detectou a necessidade de repensar a formação em serviço na escola:

> Por outro lado, a forma de se desenvolver as atividades de formação precisa também ser repensada: não seria mais produtivo promover atividades formativas direcionadas para a escola e para as análises de suas relações de trabalho, dificuldades e possibilidades de implementação do programa frente ao público que dela faz parte, ao invés de incluir um ou outro pro-

> fessor em grupos diversificados, esperando que ele seja um multiplicador. (DALBEN, 2000, p. 75-76)

Dentro desse contexto, a capacitação que buscavam estava diretamente ligada ao projeto que almejavam desenvolver o que significava capacitar-se para melhor intervir, capacitar-se para melhor avaliar, enfim, para aprimorar o processo ensino-aprendizagem. Como sujeitos socioculturais desse processo os professores pensavam a sua organização.

Senão, vejamos.

> Os professores defendem uma capacitação em serviço em que, por ciclo, exercitem a reflexão sobre a prática e explicitem o que entendem por currículo, docência e avaliação e a partir daí, no coletivo vão estruturando novas linhas gerais de conduta e delineiam com clareza objetivos de ação. Assim, poderão estruturar parâmetros de trabalho e orientar-se sobre o desempenho dos alunos coletivamente. (DALBEN, 2000, p. 83)

Nessa perspectiva, ainda destaco que a formação no cotidiano da escola é um investimento. A avaliação do GAME considerou também ser fundamental investimento na capacitação dos professores em serviço, ou seja, no interior da escola, utilizando os espaços-tempos coletivos dos professores no que se refere à articulação do processo ensino-aprendizagem. "Este processo de formação não estaria vinculado, apenas, à estruturação de parâmetros curriculares gerais para a orientação do trabalho nos ciclos, mas objetivaria formar o olhar do professor na perspectiva da relação do aluno com o conhecimento" (DALBEN, 2000, p. 85). Nesse sentido, o professor estaria atento a: indicadores de desempenho a serem observados nos trabalhos em sala de aula; objetivos pedagógicos desse trabalho (cognitivos, atitudinais, afetivos, procedimentais); prioridades para o ciclo e as formas de incorporar os conhecimentos e habilidades prévios dos alunos no projeto pedagógico do ciclo.

Ao discutir as relações entre a formação de professores e a profissão docente, Nóvoa (1992) salienta que a formação de professores pode desempenhar um papel importante na configuração de uma *nova profissionalidade docente*, estimulando a emergência de uma cultura profissional no seio do professorado e de uma cultura organizacional no seio das escolas. Assim, a formação não se constrói por acumulação (de cursos, de conhecimentos ou de técnicas), mas sim por meio de um trabalho de reflexividade crítica sobre as práticas e de reconstrução permanente de uma identidade pessoal. Por isso é tão importante investir no professor e dar um estatuto ao saber da experiência.

Assim, a formação no cotidiano da escola estimula o desenvolvimento profissional dos professores, no quadro de uma autonomia contextualizada da profissão docente. Importa valorizar paradigmas de formação de professores reflexivos, sujeitos do seu desenvolvimento profissional e, portanto, protagonistas na implementação das políticas educativas.

Coerentes com essa proposta, a formação no cotidiano do trabalho aparece como um procedimento de transformação, se for assumido como desejo dos professores. E, assim, contribui para o professor refletir sua prática de avaliação e acompanhar a busca coletiva de soluções para inúmeros desafios.

Portanto, nessas experiências, a formação continuada orientava-se inteiramente para a intervenção nas escolas. Trata-se de trabalhar na junção de dois aspectos: a intervenção na escola e responder às necessidades de formação, próprias de uma equipe pedagógica. Para tanto, integraram novas dimensões à reflexão sobre a formação no cotidiano do trabalho: a reflexão sobre as práticas de intervenção e avaliação, o trabalho em equipe e o projeto pedagógico.

Centrar a formação dos professores nos espaços-tempos na escola é, pois, uma alternativa que tem se mostrado viável para o desenvolvimento profissional. Tal procedimento significa investimento na escola vista como espaço coletivo. Trata-se de um espaço propício à construção de práticas inclusivas, voltadas para as necessidades educativas dos alunos (MIZUKAMI; REALI, 2002).

Tais análises confirmam mudanças no foco da formação dos professores. Eles, no cotidiano do trabalho, estão em busca de informações, conhecimentos e formam-se na prática, vivenciando e partilhando suas experiências docentes.

## 4.2 Princípio educativo: os professores e o processo de formação no cotidiano do trabalho

Como os professores acolheram as diferenças presentes no cotidiano das salas de aula? Como se organizaram no trabalho para torná-lo um processo formador? Quais os princípios educativos assumidos pelos professores no cotidiano do trabalho? A prática dos professores em sala de aula e no projeto de intervenção revelou a presença de princípios formativos?

Tais indagações trazem, em seu bojo, a preocupação com a complexidade das situações presentes na escola em relação aos processos de ensino-aprendizagem, ao trabalho docente e à presença de espaços-tempos favoráveis à implementação de uma pedagogia diferenciada (ANDRÉ, 2001).

Depoimentos dos professores confirmaram essa preocupação:

> Digo com certeza, estou muito mais motivada para estudar, para melhorar o meu trabalho [...] as informações rolam, socializamos as leituras, acertamos na escolha da assessoria, estou com um grupo de alunos que exigem muito. Eu tenho que estar muito atenta para ajudá-los a avançar. Não sei como, mas estão melhorando. (Profa. Narla, História, 8º ano, EMAM)

> Temos muitos problemas na escola mas somos um grupo que acredita na educação e estamos nos empenhando. Estamos revendo o PPP, construímos no coletivo o projeto do 3º ciclo e ele está acontecendo [...] Sinto que esses alunos contam conosco. Somos para eles muito mais do que professores. Buscam em nós referenciais de vida, valores, etc. (Profa. Hilda, Português e Filosofia, 9º ano, EMLF)

Conforme relataram os professores, muitos são os desafios, mas eles, empenhados, foram encontrando sentido para o seu trabalho cotidiano a partir da construção de um projeto pedagógico que considerava as diferenças, não só entre os alunos, mas também entre os próprios professores. Nesse projeto, cada um era protagonista e tinha algo a contribuir. Daí a importância dos espaços-tempos coletivos.

A respeito do trabalho com as diferenças, verifiquei que ele ocorrera num processo de formação na prática e foi ganhando sentido à medida que um projeto pedagógico foi se constituindo um trabalho de colaboração reflexiva entre os professores cujo ponto de partida era a análise coletiva da prática, com vistas à alteração do fazer pedagógico.

Ressalto que o trabalho com as diferenças forma o professor. Esse é um tipo de formação que se dá no cotidiano do trabalho entre os professores. Tem sido assunto de estudiosos como: Manacorda (1990), Nosella (1991), Santos (1992), Nóvoa (1992, 1995), Arroyo (1991, 2000, 2001), Hernández (1998), Teixeira (1998, 2000). Trata-se de um campo em desenvolvimento. Isso significa que existem escolas onde os professores, pelo empenho pessoal, marcado pelo *querer fazer e querer aprender*, se organizam no coletivo e se envolvem a fim de discutir e buscar soluções para enfrentar a problemática da prática e da busca de novas ações para o ensino, com base na percepção e na vivência dos próprios professores. Por esses motivos é que me dispus a registrar as experiências de formação no trabalho vivenciada pelos professores.

Os depoimentos dos professores revelam os sentidos e significados da formação no cotidiano do trabalho:

> Mudou muito a minha prática, eu acho que pra melhor. Estou mais atenta aos meus alunos, leio mais, procuro acompanhar meus colegas nas discussões. Antes, eu não tinha tanto interesse [...] Eu era mais tradicional, estou mudando, antes eu decidia por mim mesma, agora combino com meus colegas do trio e acho que está bem melhor. (Profa. Ivana, Português e Inglês, 8º ano, EMLF)

> Sobre os avanços alcançados no trabalho com os alunos com níveis diferenciados de aprendizagem, eu destaco a busca constante dos profissionais por formação, estudos e trocas de vivências tem sido uma conquista que tem facilitado os processos de construção de novas práticas. (Profa. Sônia, Ciências, 8º ano, EMAM)

A respeito da formação no cotidiano do trabalho, Arroyo (1990) defende uma teoria da formação humana[21] que coloque o trabalho como princípio educativo.[22] A resistência passa a ser esse princípio que pode se

---

[21] O caráter formador do ser humano que é componente do trabalho não pode ser confundido com a dimensão educativa que, sem dúvida, está presente na resistência e na indignação moral e política contra a exploração, presentes em instituições como a fábrica e a escola. Estas podem ser circunstâncias a serem educadas e transformadas (ARROYO, 1990).

[22] Manacorda (1990) escreve sobre o princípio educativo em Gramsci (1978), com a intenção de fornecer uma leitura e um comentário dos textos gramscianos que apresen-

dar em qualquer instância social, política e cultural. O conhecimento, o saber, não são vinculados com o trabalho e a produção, mas a cultura, o conhecimento, o saber, a qualificação, a ciência são alguns dos interesses por cujo domínio os sujeitos reais se confrontam. Na teoria da formação humana, da educação e da cultura, o trabalho é elemento central do processo constitutivo e formador do ser humano enquanto gênero. Independentemente das formas históricas em que se dá, ele é o modo pelo qual o ser humano transforma a natureza e transforma-se a si mesmo.

Uma aproximação da fábrica ou da escola, nessa perspectiva, encontrará práticas coletivas dos trabalhadores dirigidas a humanizar essas circunstâncias. "As lutas do operariado e dos trabalhadores no ensino organizado não têm se limitado a fazer cera, driblar as normas [...] mas a organizar os mundos do trabalho e da escola de maneira a torná-los mais humanos, mais educados, e nessas práticas vêm encontrando e assimilando elementos humanizadores e educadores" (ARROYO, 1990, p. 34).

O autor salienta que nos formamos como sujeitos sociais e culturais situados, colados a um lugar, a um espaço e um tempo, a práticas concretas. Toda formação e aprendizagem é culturalmente situada. É atividade, é contexto, são recursos, formas e procedimentos. Formamo-nos situados. Em um lugar e um tempo.

Nesse sentido, os professores da Educação Básica, além de dominarem os conteúdos de sua matéria ou área, têm de dominar como educadores os conteúdos de seu ofício, as teorias pedagógicas que os fundamentam. A preocupação com o como reproduzimos nossas vidas, nossa docência, como as crianças ou jovens vivem e aprendem na escola, têm por base prin-

---

tem interesse específico para a pedagogia e para os problemas de formação do homem novo. A temática pedagógica ocupa uma posição central na experiência vivida e no pensamento de Gramsci, articulando-se, seja como interesse educativo, seja como luta política pela organização da cultura. Gramsci ressalta o vínculo objetivo entre pedagogia e política, quando sublinha que essa relação pedagógica existe em toda a sociedade, no seu conjunto ou quando coloca a escola como uma atividade essencial do futuro. Gramsci falava de um princípio educativo implícito, mais ou menos conscientemente percebido pela consciência, seja do legislador, seja do professor, o qual é aqui considerado como *corpo docente*, certamente que não apenas por uma absorção casual de uma expressão corrente, mas precisamente em clara oposição à concepção de professor, tão cara à pedagogia ativista.

cípios pedagógicos clássicos e modernos. Que princípios ou matrizes são esses? A ação, a práxis, o trabalho como princípio educativo fazem parte da tradição pedagógica. A educação é vista "como processo de produção e não de mera inculcação [...]. Nós produzimos como sujeitos sociais e culturais produzindo a sociedade, a cultura, o conhecimento [...]" (ARROYO, 2001, p. 114-115).

Santos (1992), ao tratar da organização do processo de trabalho docente, faz uma análise crítica da organização escolar e questiona o tipo de organização de processo de trabalho empregado, se se pretende criar condições em que os trabalhadores se eduquem enquanto trabalham.

> Os trabalhadores, ao estabelecerem relações coletivas, igualitárias e solidárias entre os explorados, expressam os princípios organizadores da nova sociedade, o que implica, necessariamente, uma nova escola. Nesses processos práticos, os trabalhadores educam-se. E são justamente essas práticas que nos permitem vislumbrar os princípios de uma nova pedagogia. (SANTOS, 1992, p. 124)

As relações coletivas e igualitárias,[23] ao se constituírem como negação de toda forma de individualismo e de personalismo, favorecem a participação ativa e interessada de todos, e acresce a responsabilidade disciplinar de cada um em benefício de todos. Desses processos, todos participam, pensando e decidindo, compartilhando entre iguais as responsabilidades assumidas coletivamente, geram-se a desalienação e a emancipação. Aumenta-se, assim, a coesão grupal. Revendo os vínculos entre trabalho e educação, Arroyo atesta:

> O que percebo é a impossibilidade da teoria e da prática educativa ficarem alheias aos processos educativos que passam pela produção material da existência humana [...] Os vínculos entre trabalho e educação passaram a ser componentes da teoria da educação enquanto teoria da formação humana. Existem o ser social e histórico, a natureza humanizada e trabalhada

[23] "No cotidiano da sala de aula, no anonimato de seus trabalhos, no subterrâneo das instituições de ensino, trabalhadores do ensino comprometidos com as classes trabalhadoras, juntamente com alunos, futuros trabalhadores, através de suas práticas pedagógicas, convivem, ainda em forma embrionária, com as relações sociais de tipo novo [...]" (SANTOS, 1992, p. 134).

> por esse ser social. Somente pensando historicamente o trabalho e a educação poderemos encontrar seus vínculos reais, em cada momento histórico. (ARROYO, 1991, p. 163)

Vale ressaltar que, na nova modalidade de organização do ensino, cujo objetivo é alterar radicalmente o percurso escolar dos alunos, a implantação da progressão continuada substituiu a organização seriada por ciclos de aprendizagem e isso alterou a concepção de ensino, de aprendizagem e de avaliação. Há, hoje, uma aposta na capacidade do professor de ensinar via experiências diversas e conhecimentos distintos. Assim, não é possível alunos diferentes aprenderem em igual medida, qualitativa e quantitativamente.

De fato, é esse o grande desafio vivenciado pelos professores. A prática real da sala de aula levou-os a enfrentar um cenário no qual ritmos de aprendizagens eram diferentes, experiências de vida eram distintas, perfis cognitivos e conhecimentos eram diversos. Portanto, construir um projeto de formação na própria escola foi um passo importante. A proximidade de todos os profissionais da escola desse cenário complexo possibilitou envolvimento e colaboração da equipe na direção de uma postura mais reflexiva da prática docente.

Desse modo, novas possibilidades de formação no cotidiano do trabalho foram apontadas pelos professores. Nos dizeres de Martins, eles defendiam uma

> formação que se faça no próprio local de trabalho. Além disso, reivindicam maior participação nesse processo, maior espaço para pensar. Criar, portanto, condições para que o professor reflita sobre sua prática pedagógica para compreender seus determinantes e assumir uma ação transformadora é um desafio constante. O professor necessita parar para pensar e essa prática lhe é negada sistematicamente, por mecanismos diversos, pelo sistema capitalista. (MARTINS, 1998, p. 99)

Nesse trecho, a autora caracteriza bem o que percebi nos depoimentos desses professores: eles almejavam, sim, um espaço de capacitação diferenciado que estivesse em sintonia com os atuais desafios enfrentados por eles. Para garantir esse espaço, foi necessário vontade política.

A propósito, assim se posicionaram os professores:

> Olha, eu acredito que se a escola priorizar a formação em serviço a coisa melhora. Temos que aprofundar as questões do dia a dia, aparece uma série de desafios e não podemos deixar de pensar sobre eles. Para mim isso é que é formação. (Prof. Daniel, Matemática e Filosofia, 7º ano, EMLF)

> De modo geral, acredito que o professor tem um pouco de artista nas veias, às vezes não sabemos como, mas conseguimos ajudar o aluno a aprender, somos, sim capazes de grandes realizações, principalmente se houver amizade, e trabalho coletivo, aí sim, vale a pena enfrentar os desafios da prática. (Prof. Pedro, Português e Inglês, 8º ano, EMLF)

Ressalto, ainda, que, nas reuniões pedagógicas, percebi que a tônica recaía no desejo de mudanças. Melhor dizendo: viam essas reuniões como território onde cada professor poderia manifestar o quanto queria mergulhar num projeto pedagógico que levasse em conta a realização de novas formas de ação em sala de aula, que o ajudasse a implantar uma avaliação formativa e contribuísse na construção coletiva de procedimentos de intervenção. Assim, dar vida a um projeto escrito por eles era o desejo de muitos professores. O desafio estava posto: núcleos temáticos, avaliação formativa, currículo, projeto intervenção e formação dos professores no trabalho. Iniciaram esse trabalho porque contaram com a ajuda do outro, com o grupo pensando junto a prática docente da escola.[24]

Assim, a formação passa pela experimentação, pela inovação, pelo ensaio de novos modos de trabalho pedagógico. E por uma reflexão crítica sobre a sua utilização. Passa por processos de investigação, diretamente articulados com as práticas educativas. Por isso, Nóvoa (1992) defendeu que os professores fossem protagonistas ativos nas diversas fases dos processos de formação: na concepção e no acompanhamento, na regulação e na avaliação.

---

[24] A política de qualificação docente é acoplada também a essa dinâmica de (re)significação das práticas e escolhas: manter cursos, oficinas, pesquisas e estudos em torno de questões com que se defrontam no cotidiano. Em cada escolha, o professor põe em ação pensamentos e concepções, valores, culturas e significados. O professor se afirma à medida que os explicita, aprofunda-os e sistematiza-os.

Nessa perspectiva, Arroyo defende a adoção de processos múltiplos de formação.[25] Ou seja, defende recursos formadores múltiplos e formas possíveis de fazer da escola uma comunidade de produtores mútuos. Enfim, defende um contexto cultural propício à vida mental, à socialização e às aprendizagens múltiplas. O autor ainda salienta que essas formas são matrizes pedagógicas nem sempre presentes na diversidade de projetos de políticas educativas e curriculares. Nem sempre são acentuadas nos currículos de formação de professores. São matrizes e princípios educativos aprendidos na prática e incorporados no pensar pedagógico, na cultura profissional e escolar.

Estas ideias provocam um novo olhar sobre os processos formadores dos docentes. Os processos que deixam maiores marcas não são os que ocorrem durante os cursos ministrados por centros de formação. A formação acontece na totalidade das práticas e, sobretudo, no movimento educativo que as propostas legitimam e incentivam. "Os tempos pontuais de requalificação, de estudo, e as ações dos centros encontram sentido se fizerem parte dessa dinâmica total e extraírem dela mais significados. Incentivar uma dinâmica inovadora no coletivo de uma escola é o melhor procedimento de requalificação dos docentes" (ARROYO, 2001, p. 136).

Nessa direção, os professores vêm se fazendo, "formando na história de que participam e que eles também fazem acontecer [...]. São gente, são pessoas, coletivo social e cultural que age e reage, e nesse agir-reagir se formam como sujeitos, com identidades, com determinados traços" (ARROYO, 2001, p. 137).

Sem pretender dar conta de todos os episódios observados em sala de aula ou em reuniões, ou, ainda, dos episódios que envolviam ações dos professores com os alunos, aponto algumas situações em que os professores tentaram dar significados e sentidos a suas tessituras docentes de ava-

[25] Por espaços múltiplos de interação podemos entender: o clima e as relações sociais na escola e na sala de aula, a organização dos tempos e espaços, os ritmos e rituais, o sistema de símbolos a produção coletiva, a pesquisa, o registro e as linguagens, a manipulação de objetos, de artifícios, artes e tecnologias, a experimentação de processos diversificados de conhecer e intervir no real, a sinalização e a solução de problemas, processos diversificados de conhecer e saídas pedagógicas, a produção coletiva na sala de aula, entre pares do mesmo ciclo ou entre alunos de diversos ciclos etc.

liação formativa (GOMES, 2005). Nesse caso, destaco as situações em que os professores partilhavam suas práticas nos conselhos de classe, encontros semanais nos intervalos ou nos corredores. Nesses momentos foi possível perceber em seus comentários buscas, crenças, insegurança. Ideias ainda iniciais sobre o que fazer, experiências que deram certo e as que não deram também foram objeto de reflexão. Mas sobressaía em seus diálogos o pensar sobre o fazer que se dá numa dinâmica de interações ocorridas entre professores e alunos. Para Smolka (1992, p. 58), essas interações cotidianas colocam-se como o "lugar da produção dos sentidos e dos significados das idéias constitutivas das práticas educativas, assim como o lugar da sua legitimação".

> Outra coisa boa é a gente trocar experiências práticas. Todos nós já fomos adolescentes, passamos por essas experiências que os nossos alunos vivenciam. Eu penso que trabalhar com testemunho funciona. A gente tem que trabalhar com o aluno partindo da experiência dele, dessa realidade de violência, drogas, etc. Acho que temos de mostrar essas possibilidades para eles. (Profa. Mara, Matemática, Ciências e Filosofia, 8º ano, EMLF)

O professor, no exercício de sua prática pedagógica, é continuamente desafiado a direcionar seu olhar para a sua própria situação de ensino. Isso implica identificar suas percepções, o seu fazer diante dos desafios da prática, as ações para superá-los, ou, ainda, identificar as alternativas que devem ser adotadas para introduzir modificações no ensino, entre outros. Tudo isso constituiu dados importantes para se analisar o processo de implementação da avaliação formativa.[26]

---

[26] Arroyo (2001) caracteriza o ofício de mestre. Destaca imagem e autoimagens do professor e relaciona as discussões sobre avaliação somadas à preocupação com a recuperação de identidades positivas: avaliação como reconhecimento dos avanços e dos esforços, expressos nas ações e nos produtos coletivos ou individuais, como recuperação da autoestima e da identidade. Avaliação recuperada como ação formadora. Reconhece que "o professor está reinventando recursos didáticos, atividades, formas de avaliar [...] e, sobretudo está tendo nova consciência do seu fazer, entendendo melhor as dimensões formadoras. Por isso, além de socializar experiências, recursos e didáticas. Trocam significados, redefinem auto-imagens. Na medida em que essa prática se consolidar e se tornar um hábito estaremos construindo uma nova cultura profissional" (ARROYO, 2001, p. 160).

Quando o professor age assim, assume e enfrenta os desafios da prática. Desse modo, fica evidente que os professores estavam abertos:

> A necessidade de ampliar a compreensão da prática pedagógica desenvolvida nas escolas, procurando os determinantes das questões que enfrentam [...]. Penso, por conseguinte, que a formação do professor exige que ele seja capaz de compreender seu processo de ensino em suas múltiplas determinações. Para isso ele deve ter claros os fundamentos filosóficos, sociológicos, políticos, ideológicos e pedagógicos do processo de ensino. (MARTINS, 1998, p. 99)

Posso afirmar que, de modo geral, os problemas que o professor enfrenta e que são por ele percebidos ao avaliar a própria prática referem-se à organização e à execução de atividades distintas para grupos diferenciados de alunos. Mas o professor é desafiado a trabalhar, ao mesmo tempo, com grupos de adolescentes com níveis diferenciados, devendo apresentar-lhes um conjunto diferente de atividades, enquanto os demais alunos da classe realizam outros exercícios.

Com efeito, as experiências das escolas referentes à formação em serviço deixaram transparecer que as escolas eram valorizadas como um espaço de formação capaz de possibilitar aos seus profissionais a aquisição de novos conhecimentos a partir da discussão e análise das próprias ações educativas. Assim, por meio da sua organização, a formação dos professores teria como pressuposto a forma contínua, interativa e dinâmica.

A propósito, Hernández (1998) analisa experiências de formação e defende a realização delas na própria prática como caminho desejável se se pretende converter as escolas em instituições onde se aprende. Aprender com a própria prática implica compreendê-la para ultrapassá-la, para ser capaz de transferi-la a outras situações, para dar sentido à própria atuação, para saber melhor, em definitivo. A problematização poderia ser um meio para compreender melhor o *lugar* daquele que atua e a *visão* que guia a prática, para, assim, contrastá-la com outros *lugares* e outras *visões* de modo a construir um conhecimento novo oriundo da própria prática.

Hernández (1998) salienta que, para se aprender com uma prática, esta necessita ser analisada, compreendida e situada. Isso significa ter elementos e referência para dialogar com ela. Esses elementos procedem da teoria que ilumina a prática do contraste com outras experiências, do papel que jogam as diferentes subjetividades (dos docentes, alunos, comunidade) em relação às experiências, do jogo das diferentes culturas que nela intervêm (culturas como concepções que guiam a prática e as decisões), da micropolítica da escola e da sala de aula, da visão do conhecimento que se compartilha ou sobre a qual se diverge, da noção de aprendizagem como resultado ou como processo, de experiências que estão mediando, ocultando ou mostrando.

Essa construção é que permite melhorar o trabalho docente e proporcionar experiências substantivas de aprendizagem aos alunos. Isso significa possibilitar-lhes uma cultura do compartilhar. Tal ideia me leva a afirmar que compartilhar não é só uma questão de intenções, mas de escuta de tons, de novos lugares. Salienta a importância da construção da memória das escolas, dos momentos em que se recorre à história dessas experiências de compartilhar em que os silêncios também tenham presença.

Outro desafio que enfrenta o professor diz respeito à capacidade de aprender pelas diferenças. Entre outras razões, essa capacidade dá sentido à cultura democrática que a escola pretende favorecer aos alunos. Hernández (1998) ainda pontua a necessidade de abordar um currículo integrado, por meio do qual os professores ensinam os alunos a investigarem a partir de problemas relacionados com situações da vida real. O objetivo é, sobretudo, que o conhecimento escolar seja atualizado e ofereça um andaime básico para explorar as diferentes parcelas da realidade e da experiência dos próprios alunos.

Nesse contexto, as noções, os valores, os conhecimentos provenientes da formação coletiva no trabalho, da prática possibilitaram aos professores analisar o ambiente de trabalho e a situação da sala de aula no cotidiano. Ainda que de forma fragmentada, os professores encontraram nesses espaços elementos para discernir o que podiam ou não aproveitar para o próprio trabalho. Conquistaram espaços de articulação coletiva e buscaram ações para se organizar nos espaços-tempos.

Assim, é possível perceber que

> A experiência em sala de aula foi desencadeando o processo de relacionamento dos conhecimentos da formação com os conhecimentos que foi adquirindo na atuação, realizando um duplo movimento de distanciamento e avaliação de sua prática (sob a ótica dos conhecimentos teóricos) e

> de reelaboração desses conhecimentos (sob a ótica da experiência prática). (GUARNIERI, 2001, p. 150)

Portanto, a escola, enquanto espaço-tempo de trabalho, é formadora. Ali, o professor recriava alternativas para o desencadeamento do processo educativo. À medida que o professor identificava desafios no próprio trabalho, situações que exigiam intervenção tendo em vista a aprendizagem dos alunos, revisava a sua prática, o seu modo de ser e agir, e procurava articular com seus pares. Assim, no coletivo, os resultados positivos na aprendizagem dos alunos eram socializados. O professor, imbuído de maior consciência inclusiva e apoiado pela formação no cotidiano do trabalho, reconfigurou a sua prática pedagógica dando-lhe um novo sentido e significado.

## 4.3 Saberes docentes tecidos pelos professores na prática de intervenção e de avaliação

No cotidiano escolar, o professor é desafiado a desenvolver, progressivamente, saberes oriundos do próprio processo de trabalho. E é exatamente o desenvolvimento desses saberes que exige do professor tempo, prática, experiência etc. Interessam-me, aqui, as relações entre o tempo, a prática e a aprendizagem dos saberes adquiridos pelos professores que atuam no Ensino Fundamental. Em outras palavras, interessa-me averiguar se esses saberes, oriundos da própria prática do professor, são empregados na prática cotidiana da sala de aula para resolver os desafios presentes no exercício profissional dando sentido às situações de trabalho que lhes são próprias.

Sobre os saberes da prática, assim se posicionaram os professores:

> Estamos estudando sobre currículo, avaliação, projeto pedagógico tudo isso pra ver se a gente melhora o trabalho na escola. Queremos ter uma linha de trabalho nossa. (Profa. Narla, História, 9º ano, EMAM)

> O professor do 3º ciclo sabe que tem que trabalhar com o conhecimento de outra forma. Estamos aprendendo a lidar com esse aluno na prática. Não tem receita. Não é fácil, mas conseguimos bons resultados principalmente quando a gente combina as estratégias envolvendo os alunos. (Profa. Denise, Educação Artística, 8º ciclo, EMAM)

> Quando a gente assenta para pensar sobre os nossos problemas, a coisa rende mais. Quando deu certo é porque estudamos em cima da prática. É nessa prática aí que a gente busca caminhos. (Profa. Sofia, Matemática, Ciências e Educação Artística, 7º ano, EMLF)

Dentro dessa perspectiva, reflexão e processo passaram a constituir, nos últimos anos, o eixo de uma nova tendência na formação considerada como meio de construção de saberes e identidade profissional. O trabalho coletivo estimula uma visão crítico-reflexiva, fornece aos professores os meios para desenvolver pensamento autônomo e facilita as dinâmicas de autoformação participada. Estar em formação implica um investimento pessoal, um trabalho livre e criativo com vista à construção de uma identidade, que é também uma identidade profissional.

Percebi que o professor como mobilizador de saberes profissionais em sua trajetória constrói e reconstrói seus conhecimentos em diferentes contextos e tempos, conforme os desafios da prática docente:

Veja-se o depoimento de uma professora da EMLF:

> Tem hora que eu me pergunto como conseguimos trabalhar com essa turma? Eles vieram do 2º ciclo com muitos desafios a serem superados. Não fomos preparados para tanto. Fomos adquirindo um saber para enfrentar esses problemas na prática, no agrupamento de professores um colaborava com o outro. E hoje, vejo que valeu a pena. (Profa. Marta, Português, Educação Artística e Filosofia, 8º ano, EMLF)

Outro professor da EMAM destaca os saberes tecidos na prática:

> Tem sido desafiante o trabalho no 3º ciclo porque temos que recriar formas para atingir o aluno, desenvolver habilidades de leitura, escrita e raciocínio, além de trabalhar com atitudes, despertar esse adolescente para o exercício da cidadania. Tudo isso vem exigindo muito de nós professores. O que conseguimos fazer é fruto de uma articulação coletiva e compromisso pessoal de muitos. (Prof. Daniel, Matemática e Filosofia, 7º ano, EMLF)

Os professores também discutiam sobre conhecimentos sociais partilhados que eram comuns a ambos – professor e alunos – enquanto membros de um mesmo contexto social, pelo menos no âmbito da sala de aula. Do mesmo modo, a integração e a participação do professor na vida cotidiana da escola e dos colegas de trabalho colocavam igualmente em jogo conhecimentos e maneiras de ser, além de diversos conhecimentos do trabalho partilhados entre os pares, que diziam respeito ao trabalho com os alunos, pais, sem falar nas atividades pedagógicas, material didático, projetos de ensino etc.

Cabe ressaltar que a proposta de formação no cotidiano das escolas girava em torno de estudos voltados para a superação do fracasso escolar. Assim, foram propostos temas que possibilitaram a reflexão da prática pedagógica no 3º ciclo, como: currículo, intervenção, avaliação formativa, entre outros. Também os docentes se agrupavam por ciclos e estabeleciam uma dinâmica de relato e estudo dos casos de alunos. Outro procedimento utilizado foi a troca de experiência que, no meu entender, criava um clima de confiança entre pares e coordenadores. Os professores avaliavam, com frequência, os encaminhamentos com vistas a avançar no processo formativo e aprimorar o desempenho pessoal e coletivo no trabalho com os alunos.

Depoimentos dos professores confirmam tais colocações:

> Quando começamos a desenvolver o projeto intervenção percebemos que tínhamos que partir para o estudo de caso dos alunos para entender melhor o porquê de tais comportamentos e atitudes, e mesmo para perceber melhor por onde poderíamos começar o trabalho. Essas informações foram socializadas no coletivo e contribuíram muito na definição das estratégias de ensino. (Prof. Gildo, Matemática, 9º ano, EMAM)

> O 3º ciclo enfrenta um problema sério. Temos alunos ainda em processo de alfabetização. Nós professores tivemos que nos organizar para lidar com esse aluno. São muitos os problemas vivenciados na sala de aula no que se refere a leitura e escrita. Nos tempos de formação e planejamento estamos buscando leituras que nos dê suporte para o enfrentamento dessas questões. (Profa. Sofia, Matemática, Ciências e Educação Artística, 8º ano, EMLF)

Dentro desse contexto, a função do docente e os processos de sua formação e desenvolvimento profissional são considerados em relação aos diferentes modos de conceber a prática educativa. A perspectiva prática fundamenta-se no pressuposto de que o ensino é uma atividade complexa que se desenvolve em cenários singulares, claramente determinados pelo contexto, com resultados, em grande parte, imprevisíveis e carregados de conflitos de valores que requerem opções éticas e políticas.

E o professor, diante dos desafios, orientará sua prática, prioritariamente, na sua aprendizagem da prática, para a prática e a partir da prática. Por meio da experiência, os docentes se formam e adquirem sabedoria que requer a intervenção criativa e adaptada às circunstâncias singulares da prática de avaliação.

O enfoque reflexivo da prática parte do reconhecimento da necessidade de analisar o que realmente fazem os professores quando enfrentam problemas complexos na sala de aula. Daí as questões: o que fazem para compreendê-los e como utilizam o conhecimento científico e sua capacidade intelectual? Como enfrentam situações incertas e desconhecidas? Como elaboram e modificam rotinas, experimentam hipóteses de trabalho, utilizam técnicas, instrumentos e materiais conhecidos? E como recriam ações e renovam procedimentos de avaliação?

Há várias influências externas teóricas nas formas de considerar a formação reflexiva de professores em nossa realidade. Entre elas as mais citadas são: a ideia de reflexão em Dewey[27] (1933), o conceito de prática reflexiva em Schön (1983) e o conceito de prática reflexiva em Zeichner (1993). Menos frequentemente aparecem também a noção de reflexão como elemento de ação emancipatória fundamentada em Habermas (1971); a reflexão ligada ao processo de conscientização de Freire (1978); e a reflexão em Carr e Kemmis (1988).

Esclarecer as características do conhecimento profissional do docente bem como os processos de formação e mudança são as preocupações fundamentais dos trabalhos de Schön (1983, 1987, 1988). Esse autor pro-

---

[27] Reconheço em Dewey uma das primeiras e mais significativas contribuições a favor do ensino como atividade prática, com seu princípio pedagógico de aprender mediante a ação *learning by doing* e sua proposta de formar um professor reflexivo que combine as capacidades de busca e investigação com as atitudes de abertura mental, responsabilidade e honestidade (DEWEY, 1933, 1965). Para esse autor, a reflexão é um processo em que se integram atitudes e capacidades nos métodos de investigação, de modo que o conhecimento da realidade surge da experiência desta, impregnado de seus determinantes. A investigação, a intervenção reflexiva, aberta e sincera, na verdade, configuram o pensamento crítico e reflexivo perante a realidade.

põe desenvolvimento de uma nova epistemologia da prática profissional que situe os problemas técnicos dentro do marco da investigação reflexiva. Com essa meta prioritária, Schön explora as peculiaridades do *pensamento prático* do profissional, o pensamento que ele ativa quando enfrenta os problemas complexos da prática.

Essa habilidade ou conhecimento prático é analisado em profundidade por Schön como um processo de reflexão na ação ou como um diálogo reflexivo com a situação problemática concreta. Não se pode compreender a atividade eficaz do professor quando enfrenta os problemas singulares, complexos, incertos e conflitantes da aula se não se entendem esses processos de reflexão na ação.

Os depoimentos dos professores a seguir chamam a atenção para essas dimensões da prática reflexiva:

> A experiência me ensinou, consegui trabalhar com esses alunos do 3º ciclo porque corri atrás, quebrei a cabeça, polemizei nas reuniões, briguei para conseguir aquilo que acreditava que valia a pena investir, não é fácil não. Mas veja como eles agora estão, converse com eles e pergunte o que eles pensam sobre o trabalho que foi feito. (Profa. Hilda, Português e Filosofia, 9º ano, EMLF)

> Eu me considero uma boa professora. Sabe por quê? Desde que cheguei nesta escola eu procuro me organizar para ajudar esses alunos do 3º ciclo. Reflito com meus alunos, cobro postura de responsabilidade, trago atividades interessantes também, porque para mim é isso que fica. (Profa. Vera, Língua Portuguesa, 9º ano, EMAM)

Assim, o recurso à reflexão aparece como parte inerente ao desempenho do bom professor, ainda que ele não se dê conta claramente disso. A grande contribuição de Schön foi trazer à luz o conceito de reflexão. Nesse caso são os próprios professores que estão sempre recorrendo à reflexão. Schön teve também sensibilidade para apontar os limites da racionalidade técnica, como base para a preparação de profissionais, introduzindo o papel da reflexão atuando em sentido oposto e suprindo as carências deixadas por uma perspectiva de predominância técnica. Coerentemente com sua proposta voltada para a ação, criou a categoria de *professor-reflexivo* e o conceito de *reflexão-na-ação*, segundo o qual o professor analisa e interpreta a sua própria realidade no ato, e o de *reflexão-sobre-a-ação*, que implica o olhar retrospectivo e a reflexão sobre o que foi realizado. Sua proposta radicaliza a questão da importância da ação prática.

Schön oferece uma contribuição importante para o estudo do saber dos professores. Segundo ele, os professores criam um conhecimento específico e ligado à ação, que só pode ser adquirido pelo contato com a prática. É um conhecimento pessoal, tácito e não sistemático, espontâneo, intuitivo, experimental, cotidiano.

Nessa perspectiva, Schön (1992) defende a reflexão dos professores *na e sobre a sua prática*, ressalta a ideia de um *practicum reflexivo*, ou seja, um espaço de formação em que o professor tenha oportunidades de refletir constantemente sobre os problemas e a dinâmica postos pela sua atuação cotidiana. Ao propor uma epistemologia da prática, Schön (1992) apresenta conceitos inerentes à nova concepção de prática profissional, no sentido de constituição do pensamento prático do professor: *o conhecimento-na-ação, a reflexão-na-ação e a reflexão-sobre-a-ação e sobre-a -reflexão-na-ação.*

As reflexões propostas por Schön motivaram as ideias da pesquisa relativas ao trabalho do professor e do próprio professor como pesquisador. Essas ideias, com raízes mais antigas, como já foi mencionado, também ganharam enorme espaço nas discussões acadêmicas sobre formação de professores e profissão docente. No Brasil, entre os estudos a esse respeito, acham-se os de Demo (1996), defendendo a indissociabilidade entre ensino e pesquisa, e o caráter formador da atividade de pesquisa; os de Geraldi, Dario e Pereira (1998), estimulando o desenvolvimento da pesquisa-ação entre grupos de professores; os de André (2001), Amaral (2002a) e Veiga (2002), inspirando a prática da pesquisa docente, por meio da colaboração entre pesquisadores da universidade e professores da rede pública.

Algumas iniciativas bem-sucedidas resultaram da integração da escola com a universidade, reconhecendo a pesquisa como aliada importante no trabalho e na formação de professores (DEMO, 1996, 2004). Na literatura, encontram-se projetos de formação continuada cujas metodologias mencionam os encontros pedagógicos que ocorrem periodicamente, durante o ano letivo, entre professores e assessoria com objetivo de possibilitar fóruns de discussão sobre questões pertinentes ao ambiente escolar.

Amaral (2002a), por sua vez, defende maior integração entre universidade e escola. Ela destaca o papel crítico que a universidade deve desempenhar na escola, além de apoio às suas atividades. Analisando as contribuições de Zeichner (1998) e Schön (2000), a autora afirma:

> Refletir, sim; pesquisar, sim; mas à luz de teorias comprovadas, validadas na prática com o alcance de bons resultados, e, sobretudo, com o auxílio de profissionais competentes que se disponham a atravessar os portões da universidade e a ouvir a voz da escola pública. É na união íntima da escola com a universidade que reside a chance de se minimizarem os estragos de ordem social por que passam as nossas crianças; na pesquisa de novos caminhos – pavimentados com a superação de nossas mazelas educacionais –, sem esquecer o que já foi feito, aqui ou lá fora, e que deu certo. (AMARAL, 2002a, p. 152)

Tal construção indica a necessidade de repensar o currículo e o lugar que têm nele os estágios dos cursos de Pedagogia e, principalmente, de Licenciaturas. Além disso, deve haver uma (re)aproximação das instâncias acadêmicas com as escolas para que o professor valorize a pesquisa e reconheça a importância dela para o seu trabalho e sua formação. Ademais, os professores precisam estar em constante atualização, pois atualmente o conhecimento é produzido e transmitido muito rapidamente e de forma dinâmica, graças às novas tecnologias de comunicação e de informação.

Além disso, penso que os professores devem valorizar todos os espaços e tempos de capacitação a que tiverem acesso dentro ou fora da escola, o que requer uma intervenção sistemática no plano cultural e político, ou seja, na formação de valores compatíveis com essa proposta. Segundo Barilli (1998, p. 44), "O professor precisa ter continuidade nos estudos não apenas para ficar atualizado quanto às modificações na área do conhecimento que leciona, mas por uma razão mais premente que se refere à própria natureza do fazer pedagógico, isto é, o domínio da práxis que é histórica e inacabada".

Vale ressaltar a necessidade de repensar a oferta de cursos que polarizam alguns poucos professores em determinados locais, externos às escolas, substituindo-a por ações de formação nos espaços-tempos pedagógicos, de forma a ampliar as oportunidades de participação dos professores, pois o contexto escolar demanda a formação no cotidiano do trabalho porque esse é o tipo de formação que interessa ao conjunto dos professores e sobre o qual as escolas podem ter controle, no sentido de melhorar a qualidade do ensino. Nesses espaços-tempos pedagógicos, a adoção de um projeto de formação do tipo interativo-reflexivo inclui as propostas de formação cujos modelos se organizam em torno da resolução de problemas do cotidiano do professor, o que é feito com a ajuda mútua dos colegas e de assessores que atuam como interlocutores nas discussões.

E, nessa direção, os professores assim se expressaram:

> Eu acho que a formação aqui na escola está dando certo porque nós é que sentamos e preparamos. Convidamos também os assessores da universidade que a gente sabe que são bons que entendem o que nós passamos na escola. Não adianta o Cape organizar um excelente curso, as dificuldades e o momento que passamos são nossos. Nós é que temos de buscar juntos algumas saídas. (Profa. Ivana, Português e Filosofia, 7º ano, EMLF)

> Eu sei que tem muitos problemas nas escolas. Mas aqui é diferente [...] É uma escola que dá suporte, que te dá espaço para você se formar. Que escuta os professores. Aqui as coisas são decididas no coletivo. (Prof. James, Geografia, 9º ano, EMAM)

Em seus trabalhos, Zeichner (1993), abordando o conceito de professor reflexivo, lembra que esse conceito pode significar coisas diferentes. "A pergunta não é se os professores são reflexivos, mas como estão refletindo e sobre o que estão refletindo" (ZEICHNER, 2000, p. 12). Baseando-se no trabalho de Dewey (1933), Zeichner ressalta que uma ação reflexiva apoia-se em um ativo desejo de analisar vários aspectos de uma questão, dar atenção aos fatos e buscar alternativas diferentes. É a antítese da aceitação acrítica da ordem existente da escola. Engloba uma abordagem crítica dos rótulos oficiais e dos significados da cultura escolar. Ao refletir, devem-se continuamente examinar os fundamentos educacionais que estão sob o que ordinariamente é tido como natural e certo (ZEICHNER, 2000).

Dentro dessa perspectiva, Zeichner (1990) defende um programa de formação continuada que prepare o professor a fim de que tenha perspectivas críticas sobre as relações entre a escola e as desigualdades sociais. Portanto, esse enfoque enfatiza três aspectos fundamentais: a aquisição por parte do docente de uma bagagem cultural de orientação política e social; o desenvolvimento de capacidades de reflexão crítica sobre a prática e o desenvolvimento das atitudes que requer o compromisso político do professor como intelectual transformador na aula, na escola e no contexto social. Portanto, acredito serem importantes atitudes de busca, de experimentação e de crítica, de interesse e trabalho solidário, de generosidade, de iniciativa e colaboração, ações estas propícias a um trabalho coletivo.

Os depoimentos dos professores mostram pontos que são refletidos por eles:

> Identifico as dificuldades de aprendizagem nos alunos ao perceber que o aluno não consegue compreender a solicitação feita, apesar de ser orientado individualmente, não consegue realizar a atividade, revela dispersão, desconcentração, muitas vezes perturba o desenvolvimento das atividades. Isso às vezes acontece com os outros professores também. (Prof. Mateus, Inglês, 9º ano, EMAM)

> Eu identifico as dificuldades de aprendizagem através de uma avaliação formativa, da observação realizada continuamente sobre os processos de desenvolvimento do aluno em todos os aspectos: sócio-afetivos, cognitivos e culturais, dou ênfase na construção da leitura e da escrita, também estamos preocupados com a construção do pensamento lógico matemático. (Profa. Narla, História, 8º ano, EMAM)

Nessa perspectiva, a ideia da reflexão como prática defendida por Zeichner (1993, p. 23) parece contribuir mais de perto para a construção do sentido do trabalho docente. O autor valoriza a interação dos membros do grupo, pois os professores podem se apoiar mutuamente, sustentar o crescimento uns dos outros, olhar para os próprios problemas compreender que eles têm relação com os dos outros professores, com a própria estrutura da escola ou do sistema educativo.

Prosseguindo a reflexão sobre o trabalho docente, para traçar um esboço da questão do saber docente, recorro às contribuições de Tardif, Lessard e Lahaye (1991). Segundo esses autores, certamente o professor sabe alguma coisa, mas o quê, precisamente? O professor sabe identificar quando o aluno aprende? Quando o aluno necessita de intervenção? Desenvolve saberes para implantar uma avaliação formativa?

Essas questões remetem-me aos seguintes comentários dos professores sobre o trabalho desenvolvido por eles:

> Procuro entender as dificuldades de aprendizagem como sintomas que emergem de um processo e tal como a aprendizagem é resultado de uma construção. Acredito que as causas desses sintomas podem estar na tentativa de homogeneização do ensino, e nas dificuldades da escola trabalhar com a diversidade e a complexidade do ser humano. (Profa. Sônia, Ciências, 7º ano, EMAM)

> Para trabalhar com as diferentes formas de aprender dos alunos tenho como princípio: respeito às diferenças, flexibilidade nos agrupamentos de alunos, flexibilidade nas atividades, respeitando as habilidades de cada um, intervenção processual, e na medida do possível um atendimento mais individualizado para atender aos alunos com mais necessidades. (Profa. Vera, Língua Portuguesa, 9º ano, EMAM)

> Estou percebendo crescimento, maior maturidade da parte dos alunos. Isso não quer dizer que seja fácil. Mas, pelo menos, o meu agrupamento de professores está sintonizado. Procuramos trabalhar integrado. Com isso dividimos as responsabilidades e somamos a colaboração de todos. Estamos aprendendo na prática, no embate da sala de aula. (Profa. Hilda, Português e Filosofia, 8º ano, EMLF)

Tardif, Lessard e Lahaye (1991) definem os diferentes saberes que intervêm não só na prática docente, como também nas relações que se estabelecem entre o corpo docente e esses mesmos saberes. O saber docente compõe-se, na verdade, de vários saberes provenientes de diferentes fontes. Esses saberes são os saberes das disciplinas, os saberes curriculares, os saberes profissionais e os da experiência. Todo saber implica um processo de aprendizagem e de formação. E, quanto mais um saber é desenvolvido, formalizado, sistematizado, como acontece com as ciências e os saberes contemporâneos, mais longo e complexo se revela o processo de aprendizagem, o qual exige, por sua vez, formalização e sistematização adequada. "Os professores são sujeitos que possuem, utilizam e produzem saberes específicos ao seu ofício, ao seu trabalho [...] no trabalho cotidiano com os alunos, são eles os principais atores e mediadores da cultura e dos saberes escolares" (TARDIF, 2002, p. 228).

Os saberes da experiência são resultantes da transformação na práxis dos diversos saberes instituídos (curriculares, disciplinares e de formação profissional), bem como de saberes da prática social e da cultura. São o conjunto dos saberes atualizados, adquiridos e requeridos no quadro da prática da profissão docente, e que não provêm das instituições de formação ou dos currículos. Esses saberes estão articulados ao seguinte fato mais amplo: o ensino se desenvolve num contexto de múltiplas interações. O docente, no exercício cotidiano de sua função, depara-se com limites relacionados a situações concretas que não são passíveis de definições acabadas e que exigem uma cota de improvisação e de habilidades pessoais, bem como capacidade de enfrentar situações mais ou menos transitórias e variáveis. Também a experiência dessas limitações e situações é formadora: somente ela permite ao docente desenvolver os *habitus*, isto é, disposições adquiridas na e pela prática real, que lhe permitirão justamente enfrentar as limitações e os desafios da profissão. Esses *habitus* podem se fixar num estilo de ensinar, expressam então um *saber-ser* e um *saber-fazer* pessoais e profissionais validados pelo trabalho cotidiano.

Assim, os professores produziam saberes por meio dos quais compreendiam e interpretavam sua prática. Esses saberes lhes permitiam, em contrapartida, distanciar-se dos saberes adquiridos fora dessa prática (TARDIF; LESSARD; LAHAYE, 1991).

De fato, quando se interroga o professor sobre seus saberes e sua relação com os saberes, ele prioriza, a partir de categorias de seu discurso, os saberes denominados práticos ou da experiência. O que caracteriza, de modo global, esses saberes práticos ou da experiência é o fato de se originarem da prática cotidiana da profissão e serem por ela validados.

Cotidianamente, os professores partilham, uns com os outros, seus saberes mediante as atividades que produzem, modos de fazer e de organizar a sala de aula, de preparar atividades de intervenção e de avaliação processual etc. Eles trocam, ainda, entre si informações sobre os alunos. Também dividem, uns com os outros, um saber prático sobre sua atuação.

Mas os saberes são partilhados quando, em conselhos de classe, por exemplo, os professores tomam decisões importantes sobre a forma de acompanhar o aluno, ou quando constroem juntos material ou elaboram avaliações. Enfim, partilham experiências e desafios. Ainda que essas atividades de partilha dos saberes não sejam consideradas como obrigação ou responsabilidade profissional pelo professor, a maior parte delas expressa a necessidade de troca da experiência.

Assim, os encontros pedagógicos, conselhos de classe, bem como as reuniões semanais, foram mencionados pelos professores também como lugares privilegiados de trocas:

> Os tempos coletivos são importantes para nós. Estamos avançando e melhorando o trabalho por causa dos encontros de reflexão, discussões e estudo. Com isso, a gente se sente mais preparado para trabalhar na intervenção e promover a aprendizagem dos alunos. (Profa. Edna, Geografia, 7º ano, EMLF)

> Sobre os avanços alcançados no trabalho com dificuldades de aprendizagem, eu destaco a busca constante dos profissionais por formação, estudos e trocas de vivências tem sido uma conquista que poderá facilitar os processos de construção de novas práticas. (Profa. Renata, Ciências e Educação Artística, 7º ano, EMLF)

> Eu já acho que é a enturmação flexível que facilita os processos de socialização. As tentativas de construção dos princípios de uma escola diferenciada, por si, já dimensionam a prática da escola facilitando a inclusão e propiciando experiências novas para os alunos na construção de uma nova cultura escolar. (Prof. João, Educação Física, 9º ano, EMAM)

> Eu penso que a relação professor-aluno na EMAM é merecedora de atenção e facilitadora dos processos de aprendizagem. A importância dada ao trabalho com a ludicidade para alguns grupos de alunos, a exploração do meio-ambiente, e os trabalhos com projetos também são facilitadores da aprendizagem dos alunos. (Profa. Marlene, Educação Artística, 9º ano, EMAM)

Posto isso, a atividade docente desdobra-se concretamente, numa rede de interações, numa tessitura com múltiplos fios em que intervêm símbolos, valores, sentimentos, atitudes. Essas interações são mediadas por diversos canais: discursos, comportamentos, maneiras de ser etc. Exigem do professor capacidade de se comportar como sujeito, ator e em contínua interação. Essa capacidade é geradora de certezas particulares das quais, a mais importante, é a confirmação, pelo docente, de sua própria capacidade de ensinar e de sua *performance* no desempenho da profissão.

Coerente com essa proposta, Santos fala da sala de aula integrada:

> Nesse sentido, esta pedagogia terá como referência básica [...] uma sala de aula integrada, onde haja interação de todos, onde se tecem teias de solida-

> riedade entre os participantes. [...] Ora, as práticas coletivas definem-se não por conter maior ou menor número de alunos, mas, fundamentalmente, pela rede de relações que se estabelecem para a formação de um organismo único. (SANTOS, 1992, p. 125)

Estes depoimentos apresentam a visão e a voz dos alunos sobre as atividades docentes:

> Eu gosto do sistema de ensino, porque ele é bem detalhado, os professores explicam bem e gosto também da amizade entre professores e alunos. (Aluno L. H. S. M, 8º ano, EMAM)

> Os professores aqui da escola, conhecem bem a gente. Eles tem paciência no aprendizado. Conversam com a gente e quando vê que alguém não vai bem na matéria, eles ensinam, se a gente estiver triste, para a aula e conversa com a gente. (Aluna S. P. A, 7º ano, EMAM)

> Eu fui acelerada um ano, mas estou dando conta das matérias. Eu acho que depende do aluno para a aceleração dar certo. Eu estou gostando muito. Quando eu estava no 8º ano eu era a mais adiantada da sala, também vejo o quanto meus professores se esforçaram comigo. (Aluna E. F. S, 9º ano, EMLF)

> Aqui na escola a gente se sente em casa. Gostamos dos professores porque eles são educados com a gente. Às vezes preferimos ficar aqui do que em casa. (Aluna L. M. A, 9º ano, EMLF)

Também os professores reconheceram que adquiriram saberes na prática da sala de aula, conforme mostram os depoimentos a seguir:

> Encontramos dificuldades porque os alunos do 3º ciclo, que chegaram para estudar tiveram um desempenho muito fraco no 2º ciclo. Alguns têm dificuldades na leitura e na escrita é ainda mais difícil. Então, nós temos que buscar formas bem diversas para envolver esse aluno. (Profa. Marta, Português, Educação Artística e Filosofia, 8º ano, EMLF)

> Nós sabemos que temos muitas necessidades em sala de aula, e por isso, a gente busca apoio no coletivo. Isso é difícil acontecer na rede. É uma coisa que faz muita diferença. Você aprende na prática, melhora a qualidade do trabalho que você faz. Para mim isso faz uma diferença muito grande. (Prof. Pedro, Português e Inglês, 7º ano, EMLF)

Nesse contexto, é importante lembrar os estudos de Pérez-Gómez (1992). Para esse autor, o processo de *reflexão-na-ação* passa por quatro momentos: o da surpresa, no qual o professor se deixa surpreender pelo que o aluno fez ou por eventos não previstos na aula; o da reflexão sobre o ocorrido e a busca de entendimento da situação apresentada; o da reformulação/reconfiguração do problema suscitado pela situação; e, finalmente, o da tomada de decisão e empreendimento de ações baseadas nas hipóteses levantadas durante o processo, implicando testagem deles.

> Os processos de reflexão-sobre-a-ação e sobre-a-reflexão-na-ação ocorrem posteriormente à ação pedagógica. Na reflexão sobre a ação, o profissional prático, liberto dos condicionantes da situação prática, pode aplicar os instrumentos conceptuais e as estratégias de análise no sentido de compreensão e da reconstrução da sua prática. (PÉREZ-GÓMEZ, 1992, p. 105)

É por meio da *reflexão-sobre-a-ação* que o professor analisa *o conhecimento-na-ação e a reflexão-na-ação*. Esses processos constituem o pensamento prático do professor, com o qual enfrenta as situações divergentes da prática. Esse pensamento permeia todo o processo de aprendizagem da docência. Por meio dos processos de *reflexão-na-ação* e *sobre-a-ação*, o professor poderá aprender a construir novos procedimentos, novas possibilidades de pesquisa, novas categorias de compreensão, novos modos de enfrentar e definir os problemas, ou seja, o profissional reflexivo constrói o seu próprio conhecimento profissional. "Através da prática é possível apoiar e desenhar o pensamento prático, graças a uma reflexão conjunta e recíproca entre o aluno-mestre e o professor" (PÉREZ-GÓMEZ, 1992, p. 112).

Por essa perspectiva de formação docente, a prática adquire o papel central de todo o currículo, assumindo um lugar na aprendizagem e na construção do pensamento prático do professor. Esse pensamento não pode ser ensinado diretamente, mas pode ser aprendido. Aprende-se fazendo e refletindo na e sobre a ação.

# CONSIDERAÇÕES FINAIS

*[...] Mire e veja que o mais importante e bonito do mundo*
*é isto, que as pessoas não estão sempre iguais,*
*não foram terminadas,*
*mas que elas vão sempre mudando.*
*Afinam ou desafinam – verdade maior.*
*É o que a vida me ensinou.*
*Isto me alegra, montão.*

(Guimarães Rosa)

Este livro apresenta os resultados da pesquisa que procurou analisar a experiência dos professores na implementação da avaliação formativa. Desse modo, permitiu-me identificar, nas práticas dos professores, componentes formativos de uma pedagogia diferenciada. Os resultados trazem as marcas dos sujeitos que deles participaram e, ao trazê-las, carregam consigo as limitações desses olhares, fruto das práticas vividas e dos contextos que as sustentaram.

Com efeito, este livro expressa o interesse em captar os múltiplos fios e desafios que se entrecruzam e interagem formando as tessituras docentes de avaliação, marcadas por desafios, dilemas, lutas, mas também possibilidades, esperança e utopia.

Ressalto que não pretendi, neste estudo, abarcar a totalidade do real por entender a sua complexidade e por compreendê-lo como multifacetado. O que ora apresento, fruto da investigação que fiz nas escolas, é parte de um universo pesquisado de uma realidade que me permitiu me embrenhar em um movimento dialético, permeado pela afirmação de velhas convicções e pelo desfiar de novos significados sobre a prática de avaliação.

Esse movimento me permitiu levantar algumas questões e traçar algumas conclusões.

Centrando o foco de análise na prática dos docentes ao enfrentarem os desafios da avaliação, observei um movimento dialético entre aluno-professor em sala de aula e professor-professor, nos espaços-tempos coletivos de planejamento e formação, marcado pela construção de saberes e pelos desafios que interferiam no processo ensino-aprendizagem. Era visível o interesse dos docentes, de modo geral, pela transformação das práticas escolares, tornando-as mais inclusivas.

Na verdade, as dificuldades eram enfrentadas coletivamente, geravam, portanto, sentimentos de cooperação, segurança e parceria. Nessa medida, as experiências vividas foram permitindo a configuração de um *aprender a ensinar* perante os novos desafios do contexto escolar.

Percebi que a necessidade de diferenciar o ensino, de realizar a intervenção, a transposição didática, de reconfigurar, na prática, os saberes didáticos, tudo isso desencadeou um novo conceito de formação continuada cujos efeitos refletiram no cotidiano do trabalho docente e nos processos pedagógicos da escola.

Feitas essas considerações preliminares, concluo este livro apresentando três questões centrais, intimamente relacionadas, fruto desta investigação. São elas: a) a prática de avaliação formativa em processo de construção; b) a prática de intervenção construída no coletivo; c) a formação do professor no cotidiano do trabalho escolar.

## a) A prática de avaliação formativa em processo de construção

A primeira questão que assinalo é a consciência de todos os professores, manifestada em diferentes momentos, de que suas concepções e práticas de avaliação formativa não estavam prontas e acabadas, mas em processo de construção. Isso significa dizer que as exigências da prática cotidiana interferem nos processos vividos e vão definindo, também, fundamentos da concepção de ciclos de formação, apresentando uma nova relação com o conhecimento escolar presente na construção das práticas diárias em sala de aula.

Com efeito, o trabalho pedagógico dos professores revelou práticas de avaliação formativa, porém, em níveis diferenciados. Assim, alguns professores avançaram mais em suas práticas, outros, ainda, buscavam apoio para o desenvolvimento de um trabalho mais efetivo com seus alunos. Em geral, esse apoio vinha do trabalho coletivo interno na escola e dos encontros de capacitação. As concepções de ensino e aprendizagem dos professores, em geral, eram coerentes com o modo como eles entendiam a avaliação dos alunos, e, consequentemente, com a sua prática de avaliação em sala de aula. Em geral, os professores consideravam importante promover um ensino diferenciado, o que implicava a valorização do aproveitamento do aluno ao longo do processo ensino-aprendizagem, garantindo o seu acompanhamento contínuo, embora muitas vezes pontuassem limites, desafios para o exercício dessa função. Assim, os professores conheciam seus alunos e desenvolviam a avaliação do desempenho de diferentes formas: individual, em dupla, em grupo de apresentação de trabalhos etc. Além disso, os resultados das avaliações eram usados por muitos professores para que pudessem rever sua própria prática e planejar atividades de intervenção para os alunos que não tivessem sido bem-sucedidos.

O processo coletivo vivenciado por eles ajudou a tornar clara a ideia de que o fracasso escolar não se reduz à repetência, envolve diversos elementos que permeiam a prática e a cultura escolar e culmina com a negação de uma aprendizagem de qualidade para todos os alunos, especialmente aqueles que já são excluídos socialmente em virtude de sua classe social, raça, gênero etc. Além do mais, os professores sabem que a simples garantia da aprovação não viabiliza o sucesso escolar e, muito menos, garante o direito à educação, à cultura, enfim, ao pleno desenvolvimento humano.

Destaco ainda que, numa proposta de avaliação formativa, a interação entre o professor-aluno é fundamental para a aprendizagem e o tipo de interação estabelecido pode influenciar muito a sua implementação, porque, se não houver condições cognitivas, afetivas e emocionais adequadas, o processo ensino-aprendizagem poderá ser comprometido.

Outro aspecto importante a ser ressaltado é que a avaliação formativa permite a dinamização da aprendizagem, é, portanto, geradora de novo impulso. Assim, uma das suas contribuições dentro da dinâmica da aprendizagem é a sua função de apoio e de estímulo. Mostra que a aprendizagem é processo, busca projeto e, por isso, desperta novas questões, abre caminhos, promove a descoberta de novas alternativas pedagógicas. Desse modo, a avaliação formativa é, ao mesmo tempo, retrospectiva e prospectiva.

Portanto, essa perspectiva de avaliação insere na prática pedagógica uma ação concreta que fomenta a ação coletiva e contribui para que o professor reflita sobre seu contexto, sobre o processo de aprendizagem-desenvolvimento dos seus alunos, sobre sua atuação profissional e sobre o próprio processo de construção de conhecimentos.

Dessa forma, a avaliação formativa possibilita ao professor acompanhar os progressos e desempenho dos alunos nas aprendizagens podendo ajudá-los no seu percurso escolar cotidiano. É uma modalidade de avaliação fundamentada no diálogo e congruente com um reajustamento contínuo do processo de ensino, com vista aos objetivos definidos e à revelação das suas potencialidades criativas.

Em contraposição ao modelo tradicional impregnado na cultura escolar, emergiram da prática dos professores elementos característicos de uma avaliação formativa, ou seja, o professor é orientador da aprendizagem do aluno. Assim, ele observa, registra, acredita na capacidade de aprendizagem do aluno, por isso utiliza procedimentos de intervenção. O aluno é visto como sujeito da aprendizagem, descobre as regras e por isso não esquece o aprendido, se autoavalia e é mais crítico. Essa abordagem de avaliação é processual, contínua, pois reorienta o processo de construção do conhecimento pelo aluno, também serve para identificar os pontos em que há mais necessidade de intervenção pedagógica.

### b) A prática da intervenção construída no coletivo

Outro aspecto que merece destaque foi a articulação coletiva dos professores em torno da elaboração e estruturação do projeto de intervenção. Esse projeto visava ao atendimento dos alunos em seus níveis diferenciados de aprendizagem e era assumido coletivamente. No seu planejamento, foram considerados os interesses e a realidade cultural dos alunos. Também os processos de ensino em sala de aula, em geral, buscavam a efetiva participação dos alunos, considerando-os sujeitos em formação. Isso foi feito com base nos estudos de casos realizados pelos professores. Os professores defendiam também um serviço de rede baseado na política de intersetorialidade de forma a ampliar o atendimento desses alunos nas diversas dimensões: cognitiva, corporal, afetivo-emocional e sociocultural.

Assim sendo, os professores foram unânimes em reconhecer a necessidade de aproveitar melhor o tempo da intervenção e desenvolver atividades voltadas para o atendimento dos alunos em seus níveis diferenciados. Esses aspectos sinalizam que o professor está avançando em seu desenvolvimento profissional ao identificar pontos frágeis de sua prática e, ao mesmo tempo, procura novas ações que conduzam à aprendizagem dos alunos. A relação entre a prática pedagógica desenvolvida por eles e a aprendizagem dos alunos se estabelece a partir do trabalho com base nas atividades realizadas com êxito pelos alunos.

Nesse processo, os professores avaliam o próprio trabalho com base nas atividades em que os alunos foram bem-sucedidos, e, assim, revelam alguns indícios de construção dos saberes da experiência no cotidiano escolar. Diante dos desafios da prática, eles desenvolvem habilidades, redescobrem conhecimentos e implementam procedimentos de intervenção com vistas a promover a aprendizagem dos alunos. Assim, *aprender a ensinar* é um processo que vai se consolidando no exercício profissional.

Outro elemento importante que este estudo revelou refere-se aos desafios postos pela prática dos professores em sala de aula e pelo contexto em que ocorriam. Tais situações desencadeiam, no professor, um movimento de avaliação do seu trabalho, possibilitando a ele direcionar o olhar não somente aos problemas que interferem em sua prática e que emanam do seu próprio ambiente de trabalho, como também aqueles que se localizam em seu próprio ensino. Ao analisar as concepções e ações dos professores, percebi indícios da forma pela qual os conhecimentos acerca da profissão docente foram sendo construídos e, ao mesmo tempo, do processo que lhes permitiu tornarem-se professores.

Dentro de uma perspectiva contextualizada, a interação professor-aluno e a relação dos alunos entre si, por meio do conhecimento, são fundamentais e construtoras de oportunidades de aprendizagem. De fato, parte importante das conversas entre professores e alunos referia-se ao que se aprende e como se aprende na sala de aula. Nesse sentido, discutiam o que o aluno já sabia, o que ainda não sabia, o que era capaz de fazer naquele dia em comparação com o que fizera antes, em que precisava avançar, entre outros. Os alunos eram constantemente estimulados a refletirem sobre o próprio processo de conhecimento, tanto individualmente quanto coletivamente.

Prosseguindo a análise da sala de aula, entre os múltiplos conhecimentos possíveis de detectar nas relações interpessoais observadas em classe, destaco como especialmente importante: o conhecimento do aluno como fonte de informação para o trabalho do professor. De fato, a observação em sala de aula possibilita a atenção constante do professor em relação ao aluno. Isso denomino de atitude observadora.

Nesse sentido, considero que a atitude observadora presente entre os professores caracterizava-se por uma prática investigativa. Trata-se de um olhar interrogador da realidade que não se acomoda à familiaridade de um mundo já conhecido, mas está atento ao novo, percebe o que muitas vezes passa despercebido para outros, encara com naturalidade o diferente e o não rotineiro. Seu objetivo, entretanto, não é apenas compreender, mas agir. Esse olhar atento do professor tem uma série de consequências na sua prática. Em primeiro lugar, permite lidar com a totalidade da classe sem perder de vista a especificidade de cada adolescente. Desse modo, a atitude observadora dos professores permitiu-lhes não só conhecer cada aluno, percebendo a diversidade de vivências, interesses e universos culturais que existiam entre eles na sala de aula, mas também trabalhar com tal característica. Em segundo lugar, permitiu-lhes perceber a riqueza de experiências e saberes que os alunos possuíam, mobilizando o professor a incorporá-los e utilizá-los em seu trabalho.

Assim sendo, professor e alunos assumem novos papéis. Ambos são sujeitos do processo educativo e, portanto, investigam e aprendem. Nessa perspectiva, o aluno tem participação ativa no seu processo de aprendizagem tornando-se responsável por ele, comprometendo-se com seus resultados, ou seja, torna-se sujeito de sua aprendizagem.

Por sua vez, o professor, ao elaborar um projeto de ensino, procura aproximar a escola da vida dos alunos, trazendo para a sala de aula a realidade social e os problemas do cotidiano deles. Dessa forma, a compreensão dos fenômenos de um mundo caracterizado pela cultura do fragmento e pelo excesso de informação torna-se mais perceptível. Assim, mediante trabalho coletivo, os professores desenvolvem o processo ensino-aprendizagem relacionando as diferentes ações de conhecimento, concretizando um ensino para a compreensão e uma aprendizagem significativa capaz de criar espaços de vivência da cidadania.

## c) A formação do professor no cotidiano do trabalho escolar

A terceira questão que destaco neste livro refere-se à relação entre o desafio da implementação da avaliação formativa e o desenvolvimento de um projeto de formação no cotidiano do trabalho escolar. As discussões realizadas pelos professores nos encontros de capacitação os ajudaram na reflexão sobre a prática de avaliação formativa. Os professores tiveram oportunidade de rever concepções de currículo, docência e avaliação. Os docentes, com mais tempo de magistério, em geral, não tiveram acesso às novas propostas pedagógicas. E mesmo os formados mais recentemente julgavam ter limites teórico-práticos no tratamento desses temas. Em diversos depoimentos, relataram que estavam utilizando os espaços-tempos coletivos para aprender a lidar com o aluno e promover o processo ensino-aprendizagem.

Em seu Projeto Político Pedagógico (PPP), os professores assumiram o desafio de implementar uma nova prática de avaliação formativa, legitimada pelo coletivo da escola. Assim, o estudo pessoal, a assessoria e o acompanhamento dos professores em relação à avaliação contribuíram para mudança significativa na postura deles: sentiram-se mais seguros e mobilizados no acompanhamento sistemático do aluno durante o processo; conseguiram elaborar alguns instrumentos, observar, coletar e registrar mais informações sobre os alunos; passaram a fazer uma análise mais ampla do desenvolvimento do aluno, não enfatizando tanto os resultados das provas. Diversificando os instrumentos, puderam ter outras percepções sobre a sua prática pedagógica. Passaram a identificar e retomar também os conteúdos em que os alunos evidenciavam necessidade de maior intervenção e/ou mudança de ação didática.

Além disso, buscavam auxílio entre os pares professores quando sentiam dúvidas na elaboração dos instrumentos, os quais, gradativamente, melhoravam a qualidade do ensino. Alguns já questionavam a sua prática quando não conseguiam desempenho satisfatório do aluno, fazendo sua autoavaliação e propondo ao aluno que também se avaliasse. A maioria dos professores demonstrou predisposição para continuar aperfeiçoando sua prática com a convicção de que, então, melhorariam o desempenho de seus alunos.

Nesse sentido, a prática de avaliação construída pelos professores indica que o projeto de formação docente requer processo e realização no cotidiano do trabalho. Por conseguinte, ele só se efetivará se houver desejo efetivo, de participar dele, ou, melhor dizendo, vontade política para efetuar mudanças pois a formação continuada requer planejamento, acompanhamento qualificado de professores que atuem como interlocutores, podendo assessorar os docentes em suas buscas e desafios.

Também destaco que as propostas de formação docente, quando articulam prática e teoria extraem, da própria prática do professor os elementos capazes de subsidiar as discussões acerca dos problemas relacionados com o processo educativo. Ressalto que as ações de formação, ao criarem espaços para a discussão das ações educativas, criam, também, espaços para a pesquisa e a discussão de teorias que informam sobre as ações. É fundamental que as ações extraiam, da prática, novos elementos para a elaboração de novas teorias não só trazendo a teoria para a prática, mas descobrindo a teoria que existe na prática e, com isso, possibilitem a construção de um novo conhecimento sobre o processo educativo.

Quanto à dimensão coletiva, a escola é, por excelência, um local de formação e, portanto, seus espaços-tempos devem ser organizados de maneira a garantir ações de formação no cotidiano pedagógico, ações essas que promovam integração efetiva do trabalho docente.

O diálogo entre os professores nos espaços-tempos coletivos é fundamental para consolidar saberes emergentes da prática profissional. Mas a criação de redes coletivas de trabalho constitui, também, um fator decisivo de socialização profissional e de afirmação de valores próprios da profissão docente. O desenvolvimento de uma nova cultura profissional dos professores passa pela produção de saberes de valores que deem corpo a um exercício autônomo da profissão docente.

Práticas de formação que tomem como referência as dimensões coletivas contribuem para a emancipação profissional e para a consolidação de uma profissão, que é autônoma na produção dos seus saberes e dos seus valores. A formação como um processo dinâmico e com possibilidades de aperfeiçoamento crescente pode ser entendida como um processo contínuo. Nesse sentido, a prática profissional pode ser concebida como elemento constitutivo da formação continuada dos profissionais.

Dentro desta perspectiva, as atividades pedagógicas cotidianas são formadoras quando o professor assegura tempos de discussão coletivos, de registros das práticas desenvolvidas, espaços de troca, de leitura individual e coletiva, momentos de participação em atividades de formação dentro do contexto escolar. A organização dos tempos e a definição dos materiais, das assessorias, das questões de discussões a serem privilegiadas dependem da política de formação a ser definida pelos profissionais da escola.

Recuperam-se, nesse processo, três aspectos considerados essenciais à formação do professor: a importância do espaço da escola e da cultura escolar como instâncias mediadoras das relações entre a escola e a sociedade; a importância dos saberes pedagógicos gerados no cotidiano das práticas escolares e as suas relações com os vários campos de conhecimentos que compõem as áreas de formação básica; o entendimento de que o professor é também e, sobretudo, um profissional reflexivo, o qual, cada vez mais, é desafiado a transformar as práticas de avaliação, garantindo às crianças e adolescentes o direito à educação e ao sucesso escolar.

Dito isso, ao concluir este livro, ressalto a necessidade de redefinição do papel da escola e do professor ante as exigências do contexto atual, visando a uma nova postura em relação ao processo de avaliação, a fim de que se torne um caminho para o crescimento do aluno, do professor e da escola.

Este livro também atesta que uma nova concepção de avaliação encontra-se em processo de construção, baseada em princípios formativos e diferenciados. E, nesse processo, se fortalece a crença de que os germes da mudança estão presentes na escola e são frutos dos desafios, das necessidades, mas também das possibilidades e envolvimento de professores, alunos e de todos que fazem parte da escola. Os sujeitos que produzem a mudança estão em permanente processo de redescoberta e consolidam-na no cotidiano escolar.

Gostaria, aqui, ainda, de lembrar que a realidade concreta, muitas vezes, acena para as limitações, mas abre também perspectivas para o engajamento em novos projetos marcados pelos germes da transformação. Nesse sentido, novas questões de pesquisa afloram. Daí infinitas possibilidades de construir outros começos, outras investigações.

Este livro foi composto em tipologia Minion Pro e
impresso em papel 75 g/m$^2$ (miolo) e Cartão 250g/m$^2$
(capa), no mês de maio de dois mil e quatorze.

# REFERÊNCIAS

ABRAMOWICZ, M. Avaliação da aprendizagem de trabalhadores-estudantes: buscando novos caminhos. *Estudos em Avaliação Educacional*, São Paulo, n. 11, p. 113-123, jan./jun. 1995.

ABRECHT, R. *A avaliação formativa*. Rio Tinto: Edições ASA, 1994. (Coleção Práticas Pedagógicas).

ALLAL, L. Pour une formation transdisciplinaire à l'évaluation formative. In: GATHER THURLER, M.; PERRENOUD, P. *Savoir évaluer pour mieux enseigner*: quelle formative dês maîtres? Genève: Service de la Recherche Sociologique, 1988. p. 39-56. (Cahier, n. 26).

ALLAL, L. *Vers une practique de l'evaluatin formative*. Bruxelles: De Boeck, 1991.

AMARAL, A. L. A adjetivação do professor: uma identidade perdida? In: AMARAL, A. L. *Formação de professores*: políticas e debate. Campinas: Papirus, 2002a. p. 131-153.

AMARAL, A. L. As políticas públicas de avaliação e sua repercussão nas práticas pedagógicas da Escola Plural. In: ENCONTRO DA ANPED, 25., 2002, Caxambu. *Educação*: manifestos, lutas e utopias. Sessão Especial: Políticas de avaliação e repercussão na prática pedagógica. Caxambu: Associação Nacional de Pós-Graduação e Pesquisa em Educação, 2002b.

ANDRÉ, M. E. D. A. *Pedagogia das diferenças em sala de aula*. 2. ed. Campinas: Papirus, 2001.

ARROYO, M. G. Revendo os vínculos entre trabalho e educação: elementos materiais da formação humana. In: SILVA, T. T. *Trabalho, educação e prática social*: por uma teoria da formação humana. Porto Alegre: Artes Médicas, 1991. p. 163-216.

ARROYO, M. G. Quando a escola se redefine por dentro. *Presença Pedagógica*, Belo Horizonte, p. 38-49, nov./dez. 1995.

ARROYO, M. G. Fracasso/sucesso: um pesadelo que perturba nossos sonhos. *Em Aberto*, Brasília, v. 17, n. 71, p. 34-40, jan. 2000.

ARROYO, M. G. *Ofício de mestre*: imagens e auto-imagens. 3. ed. Petrópolis: Vozes, 2001.

ASSMANN, H. *Reencantar a educação*: rumo a uma sociedade aprendente. Petrópolis: Vozes, 1998.

BAIN, D. Pour une formation à l'évaluation formative intégrée à la didactique. In: GATHER THURLER, M.; PERRENOUD, P. *Savoir évaluer pour mieux enseigner*: quelle formative dês maîtres? Genève: Service de la Recherche Sociologique, 1988. p. 21-37. (Cahier, n. 26).

BARILLI, E. C. V. C. Formação continuada de professores – Por quê? Como? E para quê? *Tecnologia Educacional*, v. 26, n. 143, p. 43-46, out./dez. 1998.

BARRETO, A. L. V. Avaliação da aprendizagem escolar: fios e desafios. *Revista de Educação CEAP*, Salvador, ano 6, n. 23, p. 11-21, dez. 1998.

BLACK, P.; WILLIAM, D. Inside the black box: rising standards through classroom assessment. *Phi Delta Kappan*, p. 139-148, out. 1998.

BOURDIEU, P. L. A escola conservadora: as desigualdades frente à escola e à cultura. In: BOURDIEU, P. L. *Escritos de educação*. Petrópolis: Vozes, 1998.

BRASIL. *Lei nº 9.384 de 20/12/1996*. Lei de Diretrizes e Bases da Educação Nacional. Brasília, 1996.

BRASIL. MEC/SEF. *Parâmetros Curriculares Nacionais*: introdução. Brasília, 1997.

CANDAU, V. M.; LELIS, I. A. A relação teoria-prática na formação do educador. In: CANDAU, V. M. (Org.). *Rumo a uma nova didática*. 3. ed. Petrópolis: Vozes, 1990. p. 49-63.

CARR, W.; KEMMIS, S. *Teoría crítica de la enseñanza*: la investigación-acción en la formación del profesorado. Barcelona: Roca, 1988.

CATANI, D. B.; GALLEGO, R. C. *Avaliação*. São Paulo: Ed. UNESP, 2009.

CHEVALLARD, Y. *La transposition didactique*: du savoir sabant au savoir enseigné. Grenoble: La Pensée Sauvage, 1985.

CHEVALLARD, Y. *La transposition didactique*: du savoir sabant au savoir enseigné. 2. ed. Grenoble: La Pensée Sauvage, 1991.

CONDEMARÍN, M.; MEDINA, A. *Avaliação autêntica*: um meio para melhorar as competências em linguagem e comunicação. Tradução de Fátima Murad. Porto Alegre: Artmed, 2005.

CORRÊA, M. L. Não-retenção e relações de poder: ponto focal de resistência ao Projeto Escola Plural. In: DALBEN, A. I. L. F. (Org.). *Singular ou plural?* Eis a questão. Belo Horizonte: GAME/FAE/UFMG, 2000. p. 91-110.

CORRÊA, M. L.; SOUZA, K. O. Algumas práticas da formação continuada: entraves à implementação de mudanças político-pedagógicas? *Presença Pedagógica*, v. 7, n. 38, p. 41-51, mar./abr. 2001.

DALBEN, Â. I. M. L. F. *Processo de trabalho escolar e conselho de classe*: da avaliação na escola à avaliação da escola. 1990. Dissertação (Mestrado) – Faculdade de Educação, Universidade Federal de Minas Gerais, Belo Horizonte, 1990.

DALBEN, Â. I. M. L. F. *Avaliação escolar*: um processo de reflexão da prática docente e da formação do professor no trabalho. 1998. Tese (Doutorado) – Faculdade de Educação, Universidade Federal de Minas Gerais, Belo Horizonte, 1998.

DALBEN, Â. I. M. L. F. Avaliação escolar e a relação com o conhecimento. *Caderno de Educação*, Belo Horizonte, p. 74-87, 1999.

DALBEN, Â. I. M. L. F. (Org.). *Avaliação da implantação do projeto político pedagógico Escola Plural*. Belo Horizonte: GAME/FAE/UFMG, 2000.

DALBEN, Â. I. M. L. F. Avaliação na Escola Plural: uma questão de adesão a novos valores educativos. *Tessituras: Caderno Escola Plural*, n. 2, p. 04-10, abr. 2002.

DALBEN, Â. I. M. L. F. *Conselhos de classe e avaliação*: perspectivas na gestão pedagógica da escola. Campinas: Papirus, 2004.

DARSIE, M. M. P. Avaliação e aprendizagem. *Cadernos de Pesquisa*, São Paulo, n. 99, p. 47-59, nov. 1996.

DEMO, P. Lógica e democracia da avaliação. *Ensaio, Avaliação e Política Pública em Educação*, Rio de Janeiro, v. 3, n. 8, p. 323-330, 1995.

DEMO, P. *Educar pela pesquisa*. São Paulo: Autores Associados, 1996.

DEMO, P. *Universidade, aprendizagem e avaliação*: reconstruindo horizontes. Porto Alegre: Mediação, 2004.

DEWEY, J. *How we think*. Boston: Heath, 1933.

DEWEY, J. The relation of theory to practice in education. In: BARROWAN, M. L. (Ed.). *Teacher education in America*: a documentary history. New York. Teachers College Press, 1965. p. 140-171.

ESTEBAN, M. T. Desafios escolares para a avaliação. *Presença Pedagógica*, v. 5, n. 25, jan./fev. 1999.

ESTEBAN, M. T. (Org.). A avaliação no cotidiano escolar. In: *Avaliação*: uma prática em busca de novo sentido. 3. ed. Rio de Janeiro: DP&A, 2001. p. 7-28.

FREIRE, P. *Pedagogia do oprimido*. Rio de Janeiro: Paz e Terra, 1975.

FREIRE, P. *Ação cultural para a liberdade*. 2. ed. Rio de Janeiro: Paz e Terra, 1978.

FREIRE, P. *Pedagogia da autonomia*: saberes necessários à prática educativa. São Paulo: Paz e Terra, 1996.

FREIRE, P.; FAUNDEZ, A. *Por uma pedagogia da pergunta*. Rio de Janeiro: Paz e Terra, 1985.

GATHER THURLER, M. *Coopération et professionnalisation*: compétenses necessaries et liens possibles. Gèneve: Faculté de Psychologie et des Scienses de l'Éducation, 1994.

GATHER THURLER, M. Quais as competências para operar em ciclos de aprendizagem plurianuais? *Pátio. Revista Pedagógica*, ano 5, n. 17, p. 17-21, maio/jul. 2001.

GERALDI, C. M. G.; DARIO, F.; PEREIRA, E. M. A. (Org.). *Cartografias do trabalho docente*. Campinas: Mercado das Letras, 1998.

GOMES, S. S. Tessituras de avaliação formativa: um estudo de práticas docentes em construção. *Estudos em Avaliação Educacional*, n. 28, p. 89-102, jul./dez. 2003.

GOMES, S. S. Professores do 3º ciclo do ensino fundamental: práticas docentes e processos de formação continuada no cotidiano do trabalho escolar. GT 04 – Didática. In: ANPED, 27., Caxambu, 2004.

GOMES, S. S. Práticas de avaliação da aprendizagem e sua relação com a formação continuada de professores no cotidiano do trabalho escolar. *Estudos em Avaliação Educacional*, v. 16, n. 32, p. 111-144, jul./dez. 2005.

GRAMSCI, A. *Concepção dialética da história*. 2. ed. Rio de Janeiro: Civilização Brasileira, 1978.

GRISPUN, M. Paradigmas em educação: avaliação e perspectivas. *Ensaio*, Rio de Janeiro, v. 1, n. 2, p. 29-40, jan./mar. 1994.

GRISPUN, M. Avaliação da educação, cidadania e trabalho. *Ensaio*, Rio de Janeiro, v. 4, n. 10, p. 71-76, jan./mar. 1996.

GUARNIERI, M. R. O professor iniciante e o trabalho com as diferenças dos alunos. In: ANDRÉ, M. (Org.). *Pedagogia das diferenças na sala de aula*. 2. ed. Campinas: Papirus, 2001.

HABERMAS, J. *Knowledge and human interest*. Boston: Beacon Press, 1971. (Traducción castellana: *Conocimiento e interés*. Madrid: Taurus, 1971).

HABERMAS, J. *Conhecimento e interesse*. Rio de Janeiro: Guanabara, 1987.

HADJI, C. *Avaliação desmistificada*. Tradução de Patrícia C. Ramos. Porto Alegre: ARTMED, 2001.

HERNÁNDEZ, F. *A organização do currículo por projetos de trabalho*. 5. ed. Tradução de Jussara Haubert Rodrigues. Porto Alegre: Artes Médicas, 1998.

KRAMER, S. Melhoria da qualidade do ensino: o desafio da formação de professores. *Revista Brasileira de Estudos Pedagógicos*, Brasília, n. 165, p. 189-207, 1989.

KRAMER, S. Formação de professores e profissão docente. In: NÓVOA, A. (Org.). *Os professores e a sua formação*. Lisboa: Dom Quixote, 1992.

KRAMER, S. Dando vez mestre (entrevista). *Presença Pedagógica*, Belo Horizonte, n. 4, p. 5-21, 1995.

KRIEGER, R.; CASEY, M. Overview of Focus Groups. In: KRIEGER, R.; CASEY, M. *Focus Groups*: a practical guide for applied research. 3rd ed. Oaks: Sagon Publications, 1999. Cap. 1, p. 3-37.

LUCKESI, C. C. *Avaliação da aprendizagem escolar*: estudos e preposições. 22. ed. São Paulo: Cortez, 2011.

LÜDKE, M. A avaliação e sua função. *Escola & Vídeo*, n. 7, p. 27-28, jun. 1994.

LÜDKE, M. *A socialização profissional de professores*. 3ª etapa: as instituições formadoras. Projeto de pesquisa, coordenada pela Professora Menga Lüdke. Rio de Janeiro: PUC Rio, 1995.

LÜDKE, M.; ANDRÉ, M. Um olhar sociológico sobre a avaliação escolar. *Tecnologia Educacional*, v. 21, n. 108, set./out. 1992.

MANACORDA, M. A. *O princípio educativo em Gramsci*. Porto Alegre: Artes Médicas, 1990.

MARTINS, P. L. O. *Na "didática prática" uma pedagogia das classes trabalhadoras.* 1996. Tese (Doutorado) – Faculdade de Educação, Universidade de São Paulo, São Paulo, 1996.

MARTINS, P. L. O. *A didática e as contradições da prática.* Campinas: Papirus, 1998.

MARTINS, P. L. O. A reordenação dinâmica dos tempos escolares: um estudo de caso. In: DALBEN, A. I. L. F. (Org.). *Singular ou plural?* Eis a questão. Belo Horizonte: GAME/FAE/UFMG, 2000. p. 77-90.

MEDIANO, Z. D. A formação em serviço do professor a partir da pesquisa e da prática pedagógica. *Tecnologia Educacional*, Rio de Janeiro, n. 105/106, p. 31-36, 1992.

MENDONÇA, A. W. P. C. A escola como espaço de formação continuada do professor. *Revista de Educação da AEC*, Brasília, n. 79, p. 39-42, 1991.

MIZUKAMI, M. G.; REALI, A. M. M. R. *Formação de professores, práticas pedagógicas e escola.* São Carlos: EdUFSCar, 2002.

MOYSÉS, L. *O desafio de saber ensinar.* Rio de Janeiro: Papirus, 1995.

NOSELLA, P. O trabalho como princípio educativo em Gramsci. In: SILVA, T. T. *Trabalho, educação e prática social*: por uma teoria da formação humana. Porto Alegre: Artes Médicas, 1991. p. 134-159.

NÓVOA, A. (Org.). *Vidas de professores.* Porto: Porto Ed., 1992.

NÓVOA, A. (Org.). *Profissão professor.* 2. ed. Portugal: Porto Ed., 1995.

PÉREZ-GÓMEZ, A. I. O pensamento prático do professor: a formação do professor como profissional reflexivo: In: NÓVOA, A. (Org.). *Formação de professores e profissão docente.* Porto: Porto Ed., 1992. p. 93-114.

PERRENOUD, P. Pour une approche pragmatique de l'évaluation formative. *Mesure et Évaluation en Éducation*, v. 13, n. 4, p. 49-81, 1991.

PERRENOUD, P. Não mexam na minha avaliação: para uma abordagem sistêmica da mudança pedagógica. In: ESTRELA, A.; NÓVOA, A. (Org.). *Avaliações em educação*: novas perspectivas. Lisboa: Educação, 1992. p. 155-173.

PERRENOUD, P. *Práticas pedagógicas, profissão docente e formação*: perspectivas sociológicas. Lisboa: Dom Quixote, 1993.

PERRENOUD, P. *Ofício de aluno e sentido do trabalho escolar.* Porto Alegre: Porto Ed., 1995.

PERRENOUD, P. *Avaliação*: da excelência à regulação das aprendizagens: entre duas lógicas. Porto Alegre: Artes Médicas, 1999.

PERRENOUD, P. (Org.). *Formando professores profissionais*: que estratégias? que competências? Tradução de Fátima Murad e Eunice Gruman. 2. ed. Porto Alegre: Artmed, 2001.

PLACCO, V. M. N. S; ANDRÉ, M. E. D. A.; ALMEIDA, L. R. Estudo avaliativo das classes de aceleração na rede estadual paulista. *Cadernos de Pesquisa*, n. 108, p. 49-79, nov. 1999.

RODRIGUES, N. *Elogio à educação*. São Paulo: Cortez, 1999.

SAN MARTÍ, N. *Avaliar para aprender*. Tradução de Carlos Henrique Lucas Lima. Porto Alegre: Artmed, 2009.

SANTOS, O. J. *Pedagogia dos conflitos sociais*. Campinas: Papirus, 1992.

SASSAKI, R. K. *Inclusão*: construindo uma sociedade para todos. Rio de Janeiro: WA, 1997.

SAUL, A. M. G. *Avaliação emancipatória*: desafios à teoria e à prática de avaliação e reformulação de currículo. 2. ed. São Paulo: Cortez, 1994.

SCHÖN, D. A. *The reflective practitionner*. New York: Basic Book, 1983.

SCHÖN, D. A. *La formación de profesionales reflexivos*. Barcelona: Paidós, 1987.

SCHÖN, D. A. Educating teacher as reflective practitioners. In: GRIMMETT, P. Y.; ERICKSON, G. (Ed.). *Reflection in teacher education*. New York: Teachers College Press, 1988.

SCHÖN, D. A. Formar professores como profissionais reflexivos; In: NÓVOA, A. *Os professores e a sua formação*. Lisboa: Dom Quixote, 1992. p. 77-92.

SCHÖN, D. A. Utilizando o ensino prático reflexivo para desenvolver habilidades profissionais. In: SCHÖN, D. A. *Educando o profissional reflexivo*: um novo design para o ensino e a aprendizagem. Porto Alegre: Artes Médicas Sul, 2000.

SHULMAN, L. Those who understand: knowledge growth in teaching. *Educational Researcher*, v. 15, n. 2, p. 4-14, 1986.

SILVA, J. F. *Avaliação na perspectiva formativa-reguladora*: pressupostos teóricos e práticos. Porto Alegre: Mediação, 2004.

SMOLKA, A. L. *Cognição, linguagem e trabalho na escola*: escola básica. Campinas: Papirus, 1992. p. 55-62.

SOARES, M. B. *Letramento, um tema em três gêneros*. Belo Horizonte: Autêntica, 1998.

SOARES, M. B. O que é letramento. *Escola e Escrita*, Belo Horizonte, n. 1, jun. 1999.

SOARES, M. B. Transformação e movimento da escola no mundo atual. In: CICLO DE CONFERÊNCIAS DA CONSTITUINTE ESCOLAR. *Relação com o conhecimento*. Belo Horizonte: PBH/SMED, 2000. p. 6-11. (Caderno Temático n. 3).

SOUSA, C. P. Limites e possibilidades dos programas de aceleração de aprendizagem. *Cadernos de Pesquisa*, n. 108, p. 81-99, nov. 1999.

SOUZA, V. T. Avaliação de aprendizagem. *Ensaio*, Rio de Janeiro, v. 1, n. 3, p. 13-20, abr./jun. 1994.

STOER, S. R. A reforma educativa e a formação inicial e contínua de professores em Portugal: perspectivas inter/multiculturais. In: NÓVOA, A.; POPKEWITZ, T. (Org.). *Reformas educacionais e formação de professores*. Lisboa: Educa, 1992. p. 71-81.

TARDIF, M. *Saberes docentes e formação profissional*. Petrópolis: Vozes, 2002.

TARDIF, M.; LESSARD, C.; LAHAYE, L. Os professores face ao saber: esboço de uma problemática do saber docente. *Teoria e Educação*, Porto Alegre, n. 4, 1991.

TEIXEIRA, I. C. *Tempos enredados*: teias da condição professor. 1998. 383f. Tese (Doutorado em Educação) - Faculdade de Educação, Universidade Federal de Minas Gerais, Belo Horizonte, 1998.

TEIXEIRA, I. C. Os professores como sujeitos socioculturais. In: CICLO DE CONFERÊNCIAS DA CONSTITUINTE ESCOLAR. *Valorização do trabalhador em educação*. Belo Horizonte: SMED/PBH, 2000. p. 71-79. (Caderno Temático n. 5).

VAIL, P. *Emotion*: the on/off switch for learning. Rosemont: Modern Learning, 1990.

VEIGA, I. P. A. Professor: tecnólogo do ensino ou agente social? In: VEIGA, I. P. A; AMARAL, A. L. *Formação de professores*: políticas e debate. Campinas: Papirus, 2002. p. 65-93.

VILLAS BOAS, B. M. F. Avaliação do trabalho pedagógico universitário. In: CASTANHO, S.; CASTANHO, M. E. L. M. *O que há de novo na educação superior*: do projeto pedagógico à prática transformadora. Campinas: Papirus, 2000.

VILLAS BOAS, B. M. F. Avaliação formativa: em busca do desenvolvimento do aluno, do professor e da escola. In: VEIGA, I. P. A.; VEIGA, M. F. *As dimensões do projeto político-pedagógico*: novos desafios para a escola. Campinas: Papirus, 2001. p. 175-212.

VILLAS BOAS, B. M. F. Construindo a avaliação formativa em uma escola de educação infantil e fundamental. In: VILLAS BOAS, B. M. F. (Org.). *Avaliação*: políticas e práticas. Campinas: Papirus, 2002. p. 1131-1143.

WACHOWICZ, L. A dialética da aprendizagem na pedagogia diferenciada. In: CASTANHO, S.; CASTANHO, M. E. *O que há de novo na educação superior*. Campinas: Papirus, 2000. p. 95-129.

WACHOWICZ, L. Avaliação. *Revista da Rede de Avaliação Institucional da Educação Superior*, ano 7, n. 2, jun. 2002.

WEISS, J. Interaction formative et regulation didactique. In: ALLAL, L.; BAIN, D.; PERRENOUD, P. (Dir.). *Évaluation formative et didactique du français*. Neuchâtel; Paris: Delachaux et Niestlé, 1993. p. 113-122.

WERNECK, V. R. A velha e a nova questão da avaliação. *Ensaio*, Rio de Janeiro, v. 4, n. 13, p. 371-380, out./dez. 1996.

ZABALA, A. A avaliação. In: ZABALA, A. *A prática educativa*: como ensinar. Tradução de Ernani F. F. Rosa. Porto Alegre: Artmed, 1998. Cap. 8, p. 195-221,

ZEICHNER, K. Traditions of reform in U.S. teacher education. *Journal of Teacher Education*, 1990.

ZEICHNER, K. *A formação reflexiva de professores*: idéias e práticas. Lisboa: EDUCA, 1993.

ZEICHNER, K. Para além da divisão entre professor-pesquisador e pesquisador acadêmico. In: GERALDI, C. M. G; FIORENTINI, D.; PEREIRA, E. M. A. (Org.). *Cartografias do trabalho docente*: professor(a) - pesquisador(a). Campinas: Mercado de Letras, 1998. p. 207-236.

ZEICHNER, K. Entrevista - Formação de professores: contato direto com a escola. *Presença Pedagógica*, v. 6, n. 34, p. 5-15, jul./ago. 2000.